Arline Westmeier

Die verletzte Seele heilen

Arline Westmeier

Die verletzte Seele heilen

Gesundung durch Seelsorge

Blaukreuz-Verlag Wuppertal
Blaukreuz-Verlag Bern

Die Autorin Arline Westmeier ist Deutsch-Amerikanerin. Mit ihrem Mann arbeitete sie 21 Jahre als Missionarin in Kolumbien, zunächst in der Studentenmission und im Gemeindeaufbau, dann an einem Bibelseminar. Sie studierte Psychologie (B. A.), Theologie (M. A.) und klinische Seelsorge. – Seit 1984 lebt sie mit ihrer Familie wieder in den USA, nachdem ihr Mann als Dozent für Missionstheologie an das Alliance Theological Seminary in Nyack / New York berufen wurde. Neben ihrer Vortragstätigkeit hat sie eine psychologische Beratungsstelle aufgebaut für Konsultationen in Englisch, Spanisch und Deutsch.

Gewidmet meiner Familie: meinem Mann Karl und unseren Kindern David und Ruthie, und all unseren Freunden, die uns ihre Lebensgeschichten mitteilten.

CIP-Kurztitelaufnahme der Deutschen Bibliothek

Westmeier, Arline:
Die verletzte Seele heilen : Gesundung durch Seelsorge / Arline Westmeier. – Wuppertal : Blaukreuz-Verl. ; Bern : Blaukreuz-Verl., 1988
ISBN 3-89175-035-8 (Wuppertal) Pb.
ISBN 3-85580-242-4 (Bern) Pb.

Umschlaggestaltung: Andreas Junge, Witten
Fotosatz: Blaukreuz-Verlag Wuppertal
Druck und Herstellung: St. Johannis-Druckerei, Lahr

ISBN 3 89175 035 8 Blaukreuz-Verlag Wuppertal
ISBN 3 85580 242 4 Blaukreuz-Verlag Bern

Inhalt

Zur Einführung

Während der einundzwanzig Jahre, in denen mein Mann und ich als Missionare der Christian and Missionary Alliance in Kolumbien/Südamerika arbeiteten, hatten wir das Vorrecht, die Lebensgeschichten vieler Menschen kennenzulernen. Nachdem wir neun Jahre in der Studentenarbeit (Popayan) und der Gemeindeaufbauarbeit (Pasto und Monteria) tätig waren, wurden wir als Dozenten ans „Seminario Biblico Alianza de Colombia" (Armenia, später Bogotá) berufen. Bei meinem gleichzeitigen Dienst als Schulkrankenschwester und als klinische Beraterin wurde mir mehr und mehr die Notwendigkeit bewußt, meine beim Psychologiestudium erworbenen Kenntnisse in mein Wissen über den rettenden, lebendigen Gott und meinen Glauben an ihn zu integrieren.

Viele Seminaristen litten unter tiefgreifenden seelischen Verletzungen, deren Auswirkungen auch durch ihren Glauben an Gott nicht überwunden wurden. Dank meiner Psychologiekenntnisse konnte ich die Probleme diagnostizieren, aber die Methoden der Psychologie erforderten zu viel Zeit, um so allen helfen zu können. Deshalb suchte ich nach neuen, besseren Wegen. Da brachte mir mein Mann eine kleine Schrift des Bischofs Uribe von Sonsón mit. In diesem Heft fand ich die Denkanstöße, nach denen ich Ausschau gehalten hatte, und durch die mich Jesus Christus zu der frohmachenden Erkenntnis führte: Er will die Seele der Menschen ebenso heilen wie ihren Leib und ihren Geist.

Weil so viele Studenten in dieser Beziehung Hilfe nötig hatten, war es nicht möglich, sie alle durch persönliche Gespräche zu erreichen. Nach und nach entstand deshalb eine Vortragsreihe, zunächst in Form von aufeinanderfolgenden Andachten, die ich in unserer Kapelle und in den umliegenden Kirchen hielt. Später führte ich Seminare und Freizeiten in vielen unterschiedlichen Denominationen und Städten durch. Im Bibelseminar bot ich im Anschluß an meine Vorträge eine persönliche Beratung an. In den Kirchen führte ich zwischen den einzelnen Vorträgen Beratungsgespräche, soweit das zeitlich möglich war. Wer darüber hinaus noch Hilfe suchte, wurde an seinen Gemeindepastor verwiesen.

Als ich begann, mit den Menschen zu beten, damit sie ihre seelischen Verletzungen Jesus bringen konnten, war ich nicht auf eine derart rasche Heilung gefaßt, wie ich sie miterlebte. Ich war wie betäubt, ich konnte kaum glauben, was geschah. Da, wo eine Heilung sonst Jahre erfordert hätte, wurde innerhalb von Wochen eine merkliche Besserung sichtbar. Ich war überwältigt davon, wie sich hier die Liebe und freundliche Zuwendung Gottes zu seinen verletzten Kindern zeigte.

Gleichzeitig wurde mir aber auch immer deutlicher, daß ich keinen „magischen Knopf" entdeckt hatte, den man nur zu drücken brauchte, um alles in Ordnung zu bringen. Der Weg zur Heilung seelischer Verletzungen, den Gott mir gezeigt hatte, erforderte vom Ratsuchenden tiefgreifende Ehrlichkeit im Blick auf seine innersten Wünsche und Beweggründe. Wer Hilfe suchte, mußte bereit sein, in der Gegenwart des Herrn die Wahrheit über sich selbst zu erkennen und sie zuzugeben – um jeden Preis. So, wie er eingestehen und anerkennen mußte: Es stimmt, was Gott im Blick auf die Sünde sagt, genauso mußte er nun eingestehen und anerkennen: Es stimmt, was Gott in bezug auf die seelischen Verletzungen und innersten Gefühle zeigt. Das kann beängstigend werden, und mancher war nicht bereit, diesen Weg zu gehen. Ich erlebte auch mit, daß Gott eine Schicht nach der anderen zu heilen begann. Er heilte alles, was jemand zu einer bestimmten Zeit erkennen und ihm bringen konnte, und dann wuchs derjenige in den neu gewonnenen Lebensraum hinein. Später brachte Gott dann eine weitere „Schicht" traumatischer Erlebnisse ins Bewußtsein. Das konnte Tage dauern, Wochen oder sogar Monate. Jede neue Erfahrung erschloß neue Bereiche, in denen Heilung nötig war, so z. B. Freundschaft, Ehe, Elternschaft und anderes mehr.

Wer seelische Heilung erfuhr, mußte aber auch lernen, sein neues Leben der Freiheit anzunehmen und darin zu leben. Doch was passierte, wenn er nun von neuem tiefgreifende, seelische Verletzungen erlitt? Wenn Gott ihn liebte und ihn geheilt hatte, warum waren damit nicht alle diese Probleme erledigt? Wie konnte er anderen Hilfe bringen? Immer wieder tauchten solche und ähnliche Fragen in den Beratungsgesprächen auf. Sie führten zu dem letzten Teil meiner Vortragsreihe. Er war gleichsam ein Wort auf den Weg für die Menschen, die erkannt hatten, daß Gott in all ihren Schwierigkeiten bei ihnen gewesen war, um sie zum Dienst zu befähigen.

Vielleicht muß ich noch erklären, wie ich das Wort ,,sehen'' verwende. Ich gebrauche es nicht als Gegensatz zu ,,hören'' oder im Sinne von physischem Sehen, sondern von innerem Schauen, etwa in dem Sinne, wie es seinerzeit die Propheten verwandten, um zu beschreiben, wie sie Gottes Offenbarungen wahrgenommen hatten.

Meine Vorträge über ,,Innere Heilung'' wurden als erstes in Kolumbien als Nachschriften von Tonbandaufnahmen verbreitet. Ich danke meinen Freunden, die sie in Spanisch abgeschrieben und vervielfältigt haben. Die Nachschriften von damals wurden zur Grundlage dieses Buches. Ebenfalls danke ich meiner Schwägerin Ingrid Westmeier, die mir beim deutschen Manuskript geholfen hat.

Alle Namen und viele Ortsbezeichnungen sind geändert worden, um die Anonymität der Betroffenen zu wahren, wenngleich mir alle die Erlaubnis gaben, ihre Geschichte zu erzählen.

Dieses Buch ist meinem Mann Karl und unseren Kindern David und Ruthie gewidmet, die mich durch all die Jahre ermutigt haben, in denen meine Vorträge und schließlich dies Buch Gestalt gewannen, und all den Menschen in Kolumbien, Deutschland, Schottland und den USA, die mir Einblick in ihre Lebensgeschichte gewährt haben.

Arline Westmeier

Kapitel 1: Ganzheitliche Heilung

Stella sang den ganzen Tag vom Morgen bis zum Abend. Sie sang Loblieder und Anbetungschorusse. Sie war immer glücklich – so glücklich, daß ich irgendeinen verborgenen Kummer bei ihr vermutete. Einfach deshalb, weil jeder Mensch irgendwann einmal des Morgens mit Bauchschmerzen oder einer anderen Plage aufwacht und ihm einfach nicht zum Singen zumute ist. Stella aber sang jeden Tag.

Als ich sie näher kennengelernt hatte, fragte ich sie schließlich: „Stella, könnte es sein, daß du eine tief verborgene seelische Verletzung hast?"

Stella sah mich eine Minute lang stumm an, dann senkte sie ihren Kopf und sagte: „Ja. Ich habe ein Problem."

Als sechsjähriges Mädchen war Stella vergewaltigt worden. Dieser Vorfall, den sie „mein Problem" nannte, hatte bei ihr das Gefühl zurückgelassen, vollkommen wertlos zu sein. Sie hatte nur noch einen Wunsch: Sterben und noch einmal von neuem zu leben anfangen können. Eines Tages hörte sie, wie ein Prediger auf der Straße gerade seine Zuhörer fragte: „Willst du ein neues Leben beginnen?" Stella dachte bei sich: ‚Das ist genau das, was ich mir wünsche.' Noch am selben Tag übergab sie Jesus ihr Leben und empfing Vergebung für ihre Sünden. Der Schmerz über ihre Vergangenheit allerdings blieb.

Als Stella einmal versuchte, mit ihrem Seelsorger darüber zu sprechen, sagte dieser ihr: „Erwähne diesen Vorfall nie wieder. Er ist vergeben! Vergiß ihn!"

Stella versuchte das, aber es gelang ihr nicht. Je mehr sie sich bemühte, alles zu vergessen, desto genauer erinnerte sie sich an jede Einzelheit. Deshalb fing sie an zu singen, vom Morgen bis zum Abend. Sie versuchte, ihren Schmerz mit Liedern zu überdecken.

Gemeinsam baten wir nun Jesus, Stella durch ihre Vergangenheit zu begleiten. All ihren Schmerz über die Vergewaltigung bürdeten wir ihm auf in der Gewißheit, daß er nicht nur für ihre Sünden, sondern auch für ihre seelischen Verletzungen gestorben war. An diesem Tag wurde Stella im Innersten heil. Sie mußte nun nicht mehr vom Morgen bis zum Abend singen.

Einige Zeit später wechselte Stella die Arbeitsstelle und fing an, für ihr Abitur zu lernen. Jahre vergingen, bevor ich ihr wieder begegnete.

„Wie geht's mit deinem Problem?" fragte ich.

„Mein Problem? Was für ein Problem?" fragte sie. „Meine Zeugnisse sind gut. Ich habe nicht das geringste Problem!"

„Nein, nein, das nicht. Ich meine das Problem, über das wir vor ein paar Jahren miteinander sprachen."

„Ach das! Nein, das ist vorbei. Ich denke gar nicht mehr dran. Ich habe keinerlei Probleme mehr."

Gott hatte jenen Schmerz, den sie über viele Jahre nicht hatte vergessen können, vollkommen geheilt.

Wie kann es zu solch einer erstaunlichen Wende im Leben eines Menschen kommen? Um das verstehen zu können, müssen wir uns zuerst klarmachen, was es heißt, daß Gott uns schuf. Es bedeutet, daß er uns besser kennt als wir selbst. Auch die umfangreiche Forschungsarbeit der Psychologie hat letztlich nur bruchstückhafte Einsichten über das Wesen des Menschen erbracht. Gott aber, der uns erschaffen hat, kennt uns bis ins Innerste. Wenn in uns irgend etwas nicht stimmt, weiß er, wo das Problem liegt.

Ein Kraftfahrzeugmechaniker kann an einem schadhaften Auto eine Menge reparieren. Aber es kann sein, daß beispielsweise der Motor so schwere Defekte hat, daß er zur Instandsetzung zurück ins Herstellerwerk muß. Dort kennt man jedes Einzelteil und weiß, wie es funktionieren muß. Wenn wir Menschen Probleme haben, versteht Gott, der uns geschaffen hat, am besten, was uns fehlt. Er weiß, wie jedes unserer Probleme gelöst und wie jede Krankheit geheilt werden kann.

Jesus sagt einmal: „Der Geist des Herrn ist auf mir, weil er mich gesalbt hat, zu verkündigen das Evangelium den Armen; er hat mich gesandt, zu predigen den Gefangenen, daß sie frei sein sollen, und den Blinden, daß sie sehen sollen, und den Zerschlagenen, daß sie frei und ledig sein sollen, zu verkündigen das Gnadenjahr des Herrn. Heute ist dieses Wort der Schrift erfüllt vor euren Ohren" (Lukas 4, 18.19.21).

Jesus kam also, um die Gefangenen zu befreien - auch diejenigen, die Gefangene ihrer eigenen Komplexe sind. Er kam, um die Zerschlagenen zu befreien - auch die seelisch Zerschlagenen.

An einer anderen Stelle spricht die Bibel davon, daß er „heilt, die zerbrochenen Herzens sind, und verbindet ihre Wunden" (Psalm 147, 3). Jesus erwartet von Menschen mit zerbrochenem Herzen nicht, daß sie sich zusammenreißen und ihren Schmerz herunterschlucken. Er will sie heilen.

In Jesaja 53, 4.5 steht: „Fürwahr, er trug unsre Krankheit und lud auf sich unsere Schmerzen. Wir aber hielten ihn für den, der geplagt und von Gott geschlagen und gemartert wäre. Aber er ist um unsrer Missetat willen verwundet und um unserer Sünde willen zerschlagen."

Wir wollen Vers vier genauer ansehen: „Er trug unsre Krankheit und lud auf sich unsre Schmerzen." Das im hebräischen Grundtext gebrauchte Wort für Krankheit meint Leiden im umfassenden Sinn. Das mit Schmerzen übersetzte Wort bezeichnet auch den Kummer. Während mit Krankheit vor allem die körperlichen Leiden gemeint sind, betrifft der Kummer unsere Seele. Dann geht der Vers weiter: „Er war zerschlagen um unsrer Sünde willen." Krankheit, Kummer und Sünde sind unterschiedliche Dinge und berühren uns unterschiedlich.

In 1. Thessalonicher 5, 23.24 schreibt Paulus: „Der Gott des Friedens heilige euch durch und durch und bewahre euren *Geist* samt *Seele* und *Leib* unversehrt, untadelig für die Ankunft unseres Herrn Jesus Christus. Treu ist er, der euch ruft; er wird's auch tun."

In diesem Vers werden drei Bereiche im Menschen angesprochen: Geist, Seele und Leib. Dabei ist mit „Geist" nicht der Verstand des Menschen gemeint, sondern jener Bereich, der ihn befähigt, mit der übernatürlichen Welt - das heißt mit Gott, aber auch mit Satan - in Verbindung zu kommen. Verstand und Gefühl werden der Seele zugeordnet. Die drei Bereiche Geist, Seele und Leib bilden eine Einheit. Man kann das mit den drei Seiten eines Dreiecks darstellen:

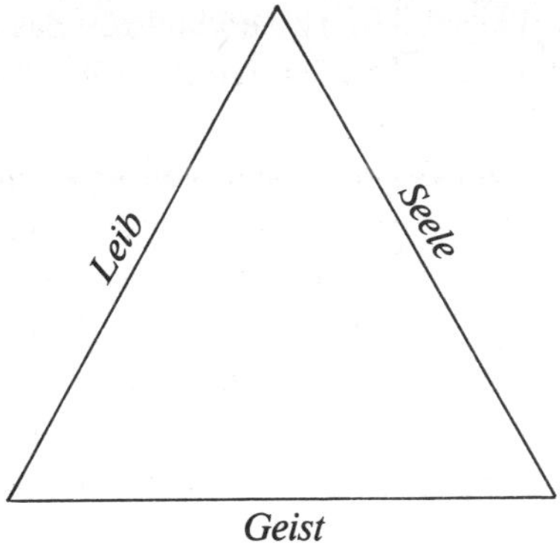

Heilung des Geistes

Die weitaus meisten Predigten, die in christlichen Kirchen und Gemeinden gehalten werden, beschäftigen sich mit der Heilung unseres Geistes, anders ausgedrückt mit Sündenvergebung und Heiligung. Das hat seine Berechtigung, denn diese geistliche Heilung ist die Grundlage für jede weitergehende Heilung in unserem Leben.

Wenn wir uns Jesus anvertrauen, reinigt er uns von Sünde und macht uns zu Kindern Gottes. So werden wir gerettet. Nun gibt es in der griechischen Sprache für unsere beiden Begriffe „retten" und „heilen" nur das eine Wort „sozo". Das bedeutet, daß unsere geistliche *Rettung* zugleich auch unsere geistliche *Heilung* ist.

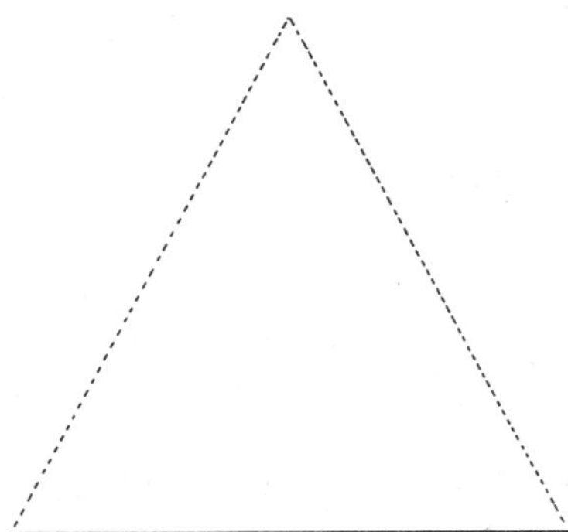

Heilung des Geistes als Grundlage für jede weitergehende Heilung

Heilung des Leibes

In der Bibel wird aber auch die Heilung des Leibes, des Körpers angesprochen. So steht zum Beispiel in Jakobus 5, 14.15, daß, wer krank ist, die Ältesten der Gemeinde rufen soll. Die sollen ihn mit Öl salben und für ihn beten, und so soll er geheilt werden. In Kolumbien, wo wir viele Jahre arbeiteten, war solche körperliche Heilung in den christlichen Gemeinden ein wichtiges Thema. Manchmal wurden große Versammlungen veranstaltet, in denen besonders für die Kranken gebetet wurde. Daß man bei uns so wenig darüber hört, liegt zum Teil wohl daran, daß uns jederzeit gute, ärztliche Versorgung zugänglich ist. Ein weiterer Grund dafür ist aber sicherlich, daß wunderbare Heilung schlecht in unser rationalistisches Weltbild paßt. Fest steht in jedem Falle, daß Jesus sich damals wie heute nicht nur um das geistliche, sondern auch um das gesundheitliche Wohl seiner Nachfolger kümmert. Die Heilung des Leibes kommt also zu der Heilung des Geistes hinzu.

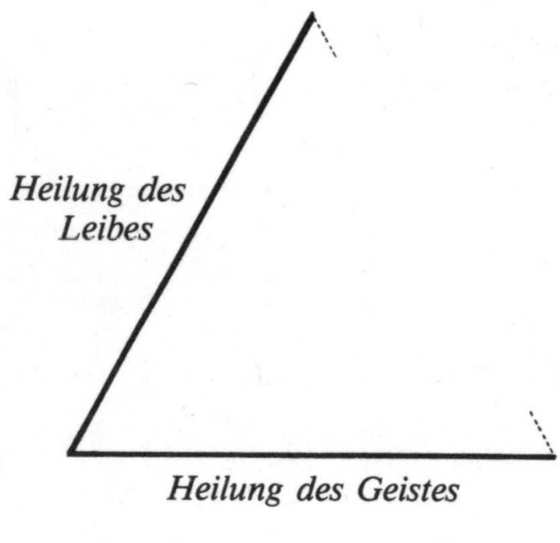

Wenn wir nun hier stehenbleiben – wie das viele Christen tun –, dann bliebe ein Bereich des menschlichen Lebens, die Seele, von der Heilung durch Jesus ausgeschlossen.

Heilung der Seele

Gibt es in der christlichen Gemeinde schon wenig schriftgemäße Verkündigung über die Heilung des Leibes, so hört man noch weniger über die Heilung der Seele. Zwar leiden immer mehr Menschen - auch Christen - unter seelischen Störungen. Doch diesen Bereich des Lebens überläßt man meist Psychologen oder Psychiatern, ganz gleich, ob sie Christen sind oder nicht. Aber Jesus starb nicht nur, um uns Heilung für unseren Geist und unseren Leib zu schenken, sondern auch, um unsere Seele zu heilen. In Jakobus 5, 14–16 wird nicht nur von den Kranken gesprochen, die geheilt werden, und von den Sünden, die vergeben werden sollen. In dem Abschnitt wird auch gesagt, daß wir uns unsere Verfehlungen gegenseitig bekennen sollen, damit wir geheilt werden. Die seelische Heilung wird also mit eingeschlossen.

Das vollständige Dreieck zeigt sich nun so:

Heilung des Leibes:
Die Ältesten sollen gerufen werden und den Kranken mit Öl salben. Jesus trug unsere Krankheiten ans Kreuz.

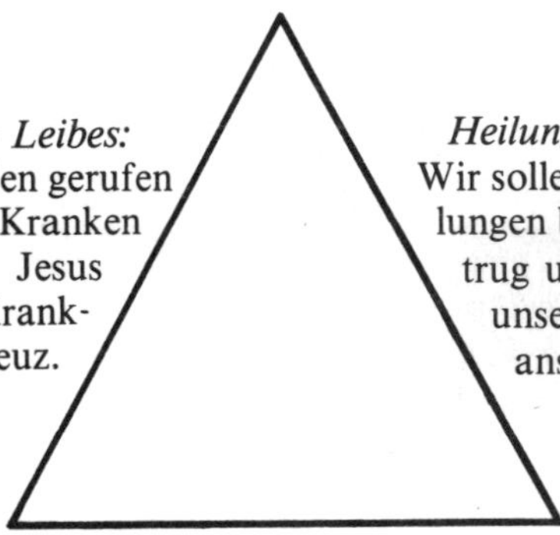

Heilung der Seele:
Wir sollen unsere Verfehlungen bekennen. Jesus trug unser Leid und unseren Kummer ans Kreuz.

Heilung des Geistes:
Wir sollen unsere Sünden bekennen. Jesus trug unsere Sünden ans Kreuz.

Über Heilung der Seele zu sprechen ist auch deshalb so wichtig, weil die meisten Christen mit ungelösten seelischen Problemen auch geistliche Schwierigkeiten haben. Wenn sie sich Jesus anvertraut haben - so meinen viele –, dann seien für alle Zeiten all ihre Lebensprobleme gelöst. Und wenn sie dann eines Tages merken, daß sie noch immer von bestimmten Dingen aus ihrer Vergangenheit beeinflußt werden, fragen sie sich verunsichert: ‚Ist denn doch nicht alles vergeben, was hinter mir liegt? Ist doch nicht alles, was mir widerfahren ist, erledigt? Was mache ich bloß verkehrt?' Es stimmt, daß Jesus alle Sünde vergeben hat. Aber damit ist nicht unbedingt auch jede innere Verletzung geheilt.

Das Wort „geheilt" müssen wir allerdings mit einer Einschränkung verstehen. Bevor wir in der Ewigkeit sind, werden wir niemals vollkommen heil sein und bleiben. Was unseren Geist betrifft (immer wieder einmal werden wir im Kampf gegen Anfechtung und Versuchung unterliegen) und unseren Körper (wer bleibt schon lebenslang verschont von Erkältungskrankheiten und kleinen Unpäßlichkeiten), das gilt auch für unsere Seele: Immer wieder einmal werden wir unter seelischen Schwierigkeiten leiden, beispielsweise unter einem gelegentlichen Gefühl der Depression oder unter falschen Vorstellungen. Das gehört einfach zu unserem Leben dazu, und in der Regel werden wir damit auch ohne große Mühe fertig. Wer aber so schwere Depressionen und Komplexe hat oder so tiefgreifende Schwierigkeiten im Umgang mit anderen, daß er in seinem täglichen Leben davon beeinträchtigt wird (auch wenn er deshalb nicht zur Behandlung in eine psychiatrische Klinik muß), der braucht die Heilung Jesu für seine seelischen Schmerzen und Verletzungen.

Wenn sie ihr Leben Jesus ausgeliefert haben, so meinen viele Christen, dann müsse ihr Alltag von diesem Augenblick an mit himmlischem Glanz erfüllt sein, jede Schwierigkeit müsse bewältigt und jede Anfechtung besiegt werden. Sie leben in dem Glauben, „wahre Christen" könnten keine seelischen Probleme haben. Wenn sie nur „geistlich" genug wären, lösten sich alle Probleme von allein.

Nach einem unserer Lehrgänge im Bibelseminar in Kolumbien über „Geistige Hygiene im Leben des Christen" sagte uns eine Studentin, sie habe hier zum ersten Mal gehört, daß auch ein echter Christ seine seelischen Schwierigkeiten offen zugeben dürfe. „Ich habe immer geglaubt, daß für einen Christen alles glatt gehen und daß er ständig mit Freude erfüllt sein müsse", gestand sie uns. Andernfalls würde man ja den Eindruck vermitteln, Jesus sei machtlos.

Doch Jesus geht es nie um irgendeinen „guten Eindruck". Ihm geht es darum, daß wir vor ihm in der Wahrheit leben. Und wenn wir Probleme haben, dann möchte er, daß wir uns und ihm das eingestehen, damit er sich darum kümmern kann.

Wenn Jesus schmerzhafte Erinnerungen heilt, bedeutet das allerdings nicht, daß er einen vergessen läßt, was geschehen ist. Viele Leute meinen, man könne sich nicht mehr an die vergangenen seelischen Verletzungen erinnern, wenn sie wirklich geheilt seien. Aber das ist nicht so.

An meinem rechten Knie habe ich eine fünf Zentimeter lange Narbe. Ich weiß noch genau, was sie verursacht hat. Acht Jahre alt war ich damals. Ich hatte einen Autoreifen auf meine Knie gelegt, und mein Bruder versuchte, ihn mit einem großen Fleischermesser durchzuschneiden. Da glitt das Messer plötzlich in einem Rutsch durch den Reifen und in mein Knie hinein. Ich weiß noch genau, wie das Blut aus der Wunde floß und wie ich schrie.

Wir lebten damals auf einem weit abgelegenen Bauernhof in Pennsylvanien/USA. Der nächste Arzt wohnte meilenweit entfernt, und man rief ihn nur im Ernstfall. Deshalb verband mich meine Mutter. Eine ganze Woche lang mußte ich dann still auf einem Stuhl sitzen bleiben, das verletzte Knie auf einen zweiten Stuhl gelegt, bis die Wunde verheilt war. Die Narbe sieht aus, als hätte der beste Chirurg mich versorgt, und ich habe keine Schmerzen mehr in meinem Knie. Ich kann daran stoßen, ich kann über das sprechen, was geschehen ist, und ich kann auch einfach alles vergessen, weil es wirklich geheilt ist.

Wenn die Wunde nicht verheilt wäre, würde ich das Knie weiterhin verbunden halten. Ich wäre auf der Hut, damit mir niemand zu nahe käme oder das Knie ansähe oder auch nur darüber spräche. Und aus Angst vor neuen Schmerzen würde ich mich wehren, wenn jemand versuchte, den Verband zu entfernen.

Es könnte aber auch sein, daß ich herumliefe und jedem meine Wunde zeigte: „Da könnt ihr mal sehen, was mein Bruder mir angetan hat. So einen Bruder habe ich!"

Doch so, wie die Dinge liegen, habe ich das nicht nötig, denn mein Knie ist geheilt. Die Narbe ist zwar noch zu sehen, und ich kann mich auch genau an alles erinnern, was damals passiert ist. Aber ich fühle keinen Schmerz mehr.

Genauso ist es, wenn seelische Verletzungen geheilt sind. Wir brauchen dann weder krampfhaft zu verbergen, was in der Vergangenheit geschehen ist, noch brauchen wir ständig darüber zu sprechen. Die inneren Wunden sind geheilt, und der Schmerz, den sie verursacht haben, ist verschwunden.

Kapitel 2:
Die Funktion der Seele

Die Geschichte von Stella am Anfang von Kapitel eins macht deutlich, wie Geschehnisse, die viele Jahre zurückliegen, einem bis in die Gegenwart hinein erhebliche Schwierigkeiten machen können. Auch der Versuch, über schmerzhafte Erfahrungen hinwegzugehen mit Bemerkungen wie: „Ach, das tut jetzt nicht mehr so weh" oder „Es ist vergessen!" hilft nicht weiter. Die auftretenden Depressionen oder Komplexe zeigen nur zu deutlich, daß man noch immer an den alten seelischen Wunden leidet. Wie kommt das? Um das verstehen zu können, müssen wir etwas über die Funktion der Seele wissen.

Das Bewußtsein

Mit dem Bewußsein, einem bestimmten Bereich unserer Seele, nehmen wir wahr, was um uns herum geschieht.

Stellen wir uns vor, in einem Konferenzraum ist ein Zuhörer auf das konzentriert, was der Redner sagt. Zu gleicher Zeit nimmt er mit einem anderen Teil seines Bewußtseins wahr, daß das Licht angeschaltet ist, daß einer von seinen Bekannten neben ihm sitzt und, wenn der Raum nahe an einer Hauptstraße liegt, daß Verkehrsgeräusche von draußen hereindringen. Wenn er dann aber seine Aufmerksamkeit auf ein im Hintergrund schreiendes Baby richtet, nimmt er den Redner nur noch undeutlich wahr. In jedem Fall registriert sein Bewußtsein viele unterschiedliche Dinge, die in dem Raum passieren.

Das Unterbewußtsein

Alles, was das Bewußtsein aufnimmt, wird vom Unterbewußtsein aufbewahrt, wenngleich nicht jede dieser Erinnerungen ohne weiteres rückrufbar ist. Das wird deutlich, wenn man darüber nachdenkt, was man beispielsweise gestern genau zur selben Uhrzeit gemacht hat. Wahrscheinlich noch recht mühelos wird einem dann einfallen, wie man da gerade im Haus oder im Büro gearbeitet oder einen Besuch bei Freunden gemacht hat. Sich aber an das zu entsinnen, was vor zwei Wochen passiert ist, vor einem Monat oder sogar vor einem Jahr, ist schon nicht mehr so einfach. Je weiter die Zeit zurückliegt, desto schwieriger ist es, sich daran zu erinnern. Die Geschehnisse sind vom Bewußtsein ins Unterbewußtsein abgesunken.

Das Unterbewußtsein kann man – stark vereinfachend – mit einem Schrank voller Schubladen vergleichen. Jedes neue Erlebnis wird nach bestimmten Gesichtspunkten darin einsortiert und aufbewahrt, wobei die jüngsten Erinnerungen immer vornean liegen und deshalb bei Bedarf am einfachsten wieder hervorzuholen sind. Dieses Einsortieren nennt man passives Vergessen. Es ist normal und gut, denn es wäre nicht verkraftbar, sich ständig all der Dinge bewußt zu sein, die man von Geburt an erlebt hat. Man hätte dann in seinem Bewußtsein bald keinen Platz mehr für neue Erfahrungen.

Das Unbewußtsein

Eine zweite Form des Vergessens ist das sogenannte aktive Vergessen. Wenn man etwas so Schmerzhaftes erlebt, daß man es nicht ertragen kann, verdrängt man es. Die Redensart: „Das will ich möglichst bald vergessen" spricht davon. Man wirft dann gleichsam die Erinnerung so schnell wie möglich in die unterste Schrankschublade und schließt diese fest zu, damit man sich möglichst nie mehr mit der Sache auseinandersetzen muß. Diese Schublade, von Fachleuten das ,,Unbewußtsein" genannt, ist so gebaut, daß man nur etwas hineinstecken, aber nicht ohne weiteres wieder etwas hervorholen kann. An das, was hier verborgen ist, kann man sich nicht mehr erinnern. Trotzdem hat es Einfluß auf Handlungen und gefühlsmäßige Reaktionen.

Das zeigt, daß nichts von dem, was wir erlebt haben, ausgelöscht ist. Wir können uns zwar nicht an alles entsinnen. Aber das bedeutet nicht, daß die Erinnerung daran nicht mehr existiert. Sie wird tief in unserem Unbewußtsein aufbewahrt.

Das gilt auch für die Erlebnisse, die verdrängt wurden. Wenn man nun im Laufe seines Lebens eine schmerzhafte Erfahrung nach der anderen in jene unterste „Verdrängungsschublade" stopft, dann quillt diese Schublade schließlich über. Sie läßt sich nicht mehr fest schließen, und die Geschehnisse, die darin verborgen sind, fangen an, sich von neuem zu regen und einen von tief innen her zu beunruhigen, und dann zeigt man Verhaltensweisen, die man selbst nicht versteht.

Ich selbst erlebte das einmal, als ich die Krankenpflegeschule besuchte. Wir hatten dort fünf Lehrschwestern, die uns in allem unterwiesen, was wir für den Schwesternberuf brauchten: Betten machen, Injektionen geben, Verbände anlegen und vieles andere mehr. Immer, wenn Frau Tiffany mich bei der Arbeit beaufsichtigte, kam ich mir vor, als hätte ich zwei linke Hände und als wären alle meine Finger in Daumen verwandelt. Nichts konnte ich ihr recht machen. Wenn eine der anderen Lehrschwestern mich beaufsichtigte, gelang mir alles wirklich gut, denn ich hatte schon einige Zeit als Pflegehelferin im Krankenhaus gearbeitet und konnte deshalb vieles schon. Warum alles schief ging, wenn Frau Tiffany in der Nähe war, war mir selbst unerklärlich. Eines Tages nahm sie mich beiseite und fragte mich, warum ich mich so eigenartig verhielte, wenn sie mich beobachte. Ich konnte ihr nicht antworten. Ich hatte zu sehr Angst vor ihr.

Später, als ich Psychologie studierte und die Sache aus psychologischer Sicht beurteilen konnte, wurde mir der Zusammenhang klar. Frau Tiffanys Gesicht ähnelte sehr stark dem einer Lehrerin aus meinem dritten Schuljahr, die mich verängstigt hatte. Einige Male hatte sie mich zu Unrecht bestraft. So ließ sie mich einmal eine ganze Stunde lang auf dem Podium vor der Klasse stehen zur Strafe für eine Sache, die ich gar nicht getan hatte. Jetzt, zwölf Jahre später, ging alles schief, was ich unter der Aufsicht von Frau Tiffany machte, die meiner Lehrerin von damals ähnelte.

Ich hatte jene Vorkommnisse aus dem dritten Schuljahr vollkommen vergessen. Trotzdem ließ mich diese unbewußte Erinnerung in einer Weise handeln, die ich nicht erklären konnte. Die Erinnerung war nicht tot. Sie war sehr lebendig.

Alice

Alice hatte Probleme mit jedem ihrer Kollegen. Allerdings, so behauptete sie, war nicht sie selbst daran schuld. Es waren immer die anderen, die Schwierigkeiten machten. Eines Tages fragte ich sie nach ihrer Kindheit – wie sie sich gefühlt habe, was für seelische Erschütterungen sie erlitten habe.

„Arline", sagte sie mit Nachdruck, „ich bin nicht wie andere Leute, die sich an ihre Kindheit erinnern können. Von der Zeit vor meinem elften Lebensjahr weiß ich überhaupt nichts mehr. Nur an eine einzige Sache kann ich mich erinnern, und zwar wie mir erzählt wurde, daß mein Bruder sich so über meine Geburt gefreut hat, daß er in die ganze Nachbarschaft lief und allen erzählte, daß er nun eine kleine Schwester habe. An etwas anderes erinnere ich mich nicht."

Ich fragte mich: ‚Könnte die Ursache ihrer Probleme eine so schwere seelische Erschütterung sein, daß sie jegliche Erinnerung verdrängt hat?'

Einige Zeit später hatte Alice wieder einmal eine Auseinandersetzung mit jemandem. Sie wollte mit mir darüber reden, aber wir konnten uns erst drei Monate später treffen. Und da war sie kaum noch imstande, über das zu sprechen, was geschehen war.

„Ich glaube, so war es in etwa", sagte sie, „aber ich kann mich einfach nicht mehr an die Einzelheiten erinnern. So geht das immer, wenn ich etwas erlebe, das mich verletzt. Kurze Zeit danach ist die Erinnerung daran vollkommen verschwunden."

An diesem Tag beteten wir wegen der schmerzlichen Erfahrungen, an die sie sich zu diesem Zeitpunkt erinnern konnte. Und wir baten Gott, daß er ihr all die seelischen Erschütterungen ins Gedächtnis zurückbringen möge, die sie „vergessen" hatte.

Ein Jahr später trafen wir uns wieder. „Stell dir vor", sagte sie, „ich kann mich jetzt an viele Dinge aus meiner Kindheit erinnern."

Ursprünglich hatte Alice eine fast vollständige geistige Blockade gehabt. Als sie sich aber über das Wenige aussprach, woran sie sich erinnern konnte, heilte Jesus diesen Teil. Andere, tiefer liegende schmerzhafte Erlebnisse konnten an die Oberfläche kommen.

Kürzlich hatte Alice wieder Probleme mit jemandem, der sie nicht verstehen konnte. Diese neue schmerzhafte Erfahrung brachte ihr auch einige andere Erlebnisse ins Gedächtnis, die sie „vergessen" hatte. Sie erinnerte sich nun daran, daß sie mit ihren Eltern nie über irgend etwas Negatives sprechen durfte. Sie duldeten keine Probleme. Alice hatte sich immer als glückliches und sorgenfreies Kind zu zeigen.

Das führte dazu, daß sie sich von ihren Eltern abgelehnt fühlte, und so lehnte sie ihrerseits ihre Eltern ab. Aber den Gedanken, ihre eigenen Eltern abzulehnen, konnte sie nicht ertragen, und deshalb übertrug Alice ihre Ablehnung auf sich selbst. Später, als sie Jesus als Herrn angenommen hatte, fühlte sie sich deswegen noch immer schuldig, denn in ihren Augen hatte ein Christ perfekt zu sein. Deshalb verdrängte sie den gesamten Prozeß.

Als Alice schließlich diesen ganzen komplizierten Vorgang des Ablehnens und Verdrängens selbst durchschaute und Jesus bat, das alles zu tragen, wurde ihr Leben von Grund auf verwandelt.

Gloria

Gloria war Studentin an dem Seminar in Kolumbien, an dem wir unterrichteten. Sie besuchte uns häufig in unserer Wohnung, aber niemals hätten wir vermutet, daß sie meinen Mann und mich gefühlsmäßig als ihre Eltern „adoptiert" hatte. Einmal, als wir in die Ferien gefahren waren, informierte man uns telefonisch, daß Gloria schwer erkrankt sei. Wir fuhren zurück, weil sich sonst niemand um Gloria kümmern konnte, und wir fanden sie vollkommen durcheinander vor. Zu allen wollte sie von Jesus predigen. Barfuß und im Nachtzeug predigte sie den jungen Männern in deren Schlafraum. Sie predigte den Katzen und Hunden. Und wenn überhaupt keiner da war, predigte sie den Möbeln. Wie war es zu dieser schweren seelischen Erkrankung gekommen?

Glorias Mutter hatte ihre Tochter in den ersten fünf Lebensjahren sehr geliebt. Danach konnte Gloria ihrer Mutter plötzlich nichts mehr recht machen. Was sie auch tat, es mißfiel ihrer Mutter. Zu den jüngeren Geschwistern sagte sie: „Gloria taugt nichts. Ihr braucht gar nicht hinzuhören, wenn sie etwas sagt."

Jeden Sonntag schloß die Mutter ihre Kinder im Haus ein und ging zur Kirche. Gloria war dafür verantwortlich, daß keins der jüngeren Geschwister Unsinn machte oder etwas beschädigte. Natürlich hörten sie nicht auf Gloria und machten, was ihnen paßte. Wenn dann die Mutter zurückkam, schimpfte sie Gloria für das Betragen der Geschwister aus.

„Sieh dir das an!" schrie die Mutter dann. „Habe ich dir nicht immer gesagt, daß du nichts taugst? Nun sieh dir an, was die Kleinen gemacht haben!"

Und zu den kleinen Geschwistern sagte sie wieder: „Seht ihr? Ich habe euch ja gesagt, daß Gloria unfähig ist. Ihr braucht nicht auf das zu hören, was sie euch sagt!"

Schließlich konnte Gloria es nicht mehr ertragen und zog zu einer verheirateten Schwester. Ihre Schwester akzeptierte sie, und so hatte Gloria für einige Zeit ein gutes Zuhause. Drei Jahre später allerdings wurden ihre Schwester und deren Mann – ein Pastor – in eine Gemeinde tief im Urwald versetzt; Gloria konnte nicht mit ihnen gehen. Weil sie nicht wußte, wo sie nun bleiben sollte, kam sie in unser Seminar, um zu studieren. Ihren Freund mußte sie zurücklassen.

Gloria war uns in unserer Wohnung immer willkommen. Sie war sehr fleißig und half, wo es möglich war. Wenn die anderen Studenten zur Kaffeepause kamen, liefen sie alle wieder weg zu ihren Unterrichtsstunden, ohne an das schmutzige Geschirr zu denken, das sie zurückließen. Gloria ging nie, bevor nicht die letzte Tasse wieder sauber gespült im Schrank stand.

Als das Semester zu Ende war, fuhren alle Studenten in die Ferien nach Hause. Gloria konnte nirgends hingehen, und so blieb sie im Seminar und arbeitete in der Bibliothek.

Als dann auch wir in die Ferien fuhren, wollte Gloria ihren Freund besuchen. In ihrer Heimatgemeinde traf sie ein Mädchen an, das ihr gestand: „Ich bin schrecklich verliebt in deinen Freund.

Ich werde zu einer Hexe gehen, damit sie ihn bespricht. Dann verläßt er dich und kommt zu mir."

Arme Gloria. Ihre Mutter hatte sie im Stich gelassen, ihre Schwester hatte sie im Stich gelassen. Wir hatten sie im Stich gelassen. Der einzige, den sie von sich aus verlassen hatte, war ihr Freund gewesen. Und nun würde sie ihn verlieren. Das konnte sie nicht auch noch verkraften. Sie wurde seelisch krank.

Ich flog mit ihr in eine andere Stadt zu einem christlichen Psychiater, der sie für einige Zeit in seine Familie aufnehmen und sie behandeln wollte. Als er sie fragte, wer ihre Eltern seien, antwortete Gloria: „Karl und Arline." Sie meinte meinen Mann und mich. Ihre wirklichen Eltern hatten sie so tief verletzt, daß sie jede Erinnerung an sie verdrängt hatte. Sie konnte sich nicht mehr an sie erinnern. Erst nach Wochen psychiatrischer Behandlung wurde ihr bewußt, daß wir nicht ihre Eltern waren.

Das zeigt, wie tief seelische Verletzungen verdrängt werden können. Aber die verdrängten Erlebnisse sind nicht ausgelöscht. Wir können uns nur nicht an sie erinnern.

Als ich für meinen Universitätsabschluß arbeitete, machte ich mit anderen Studenten zusammen ein Praktikum in einer Tagesklinik für psychisch Kranke. Es erschütterte mich, wie wenig wir letztlich für die Patienten tun konnten. Wir konnten ihnen nur helfen, ihre seelischen Verletzungen in Worte zu fassen und sie gefühlsmäßig nachzuerleben. Wenn sie so weit gelangt waren, sagten wir ihnen: „Nun akzeptieren Sie das, was geschehen ist, und leben Sie damit!"

Diesen Leuten ging es dann zwar besser. Ihre seelischen Verletzungen schmerzten nicht mehr so stark. Sie konnten besser damit umgehen. Durch eine psychotherapeutische Behandlung kann man einem Menschen in der Tat helfen, auf die vergangenen Schwierigkeiten, Verletzungen und Probleme zurückzublicken und so mit ihnen zu leben, daß sie nicht mehr so schmerzhaft sind. Aber man kann die schmerzhaften Erlebnisse nicht beiseite schaffen. Kein Psychologe der Welt kann die Vergangenheit ungeschehen machen. Nur Jesus hat Einfluß auf die Vergangenheit. Und deshalb kann nur er Verletzungen der Seele wirklich heilen.

Kapitel 3: Grundlegende Bedürfnisse

Wie kommt es zu derart tiefgreifenden seelischen Verletzungen, daß sie einen noch viele Jahre lang belasten können?

Jeder Mensch hat bestimmte grundlegende Bedürfnisse, die erfüllt werden müssen, damit er leben kann. Geschieht das nicht oder nur mangelhaft, dann erleidet er Schaden an Leib und Seele.

Die sogenannten primären grundlegenden Bedürfnisse betreffen den Körper. Es sind Essen und Trinken, Luft, Wohnung und Kleidung. Ohne diese Dinge würde man sterben.

Bei den sekundären grundlegenden Bedürfnissen geht es um Bedürfnisse der Seele. Liebe und Geborgenheit gehören dazu.

Kinder sind in besonderer Weise darauf angewiesen, daß ihre Bedürfnisse angemessen befriedigt werden. Leidet ein Kind Mangel an Liebe und Geborgenheit, kann das schlimmstenfalls sein Leben gefährden. In jedem Falle aber wird es später im Erwachsenenalter Schwierigkeiten bekommen.

Liebe

Babys können sogar sterben am Mangel von Liebe und Aufmerksamkeit. Das Neugeborene ist wie ein leeres Gefäß. Es kann von sich aus niemanden lieben. Die Eltern müssen erst unendlich viel Liebe in dieses Gefäß hineingeben, und zwar in Ausdrucksformen, die das Baby und später das Kind gefühlsmäßig aufnehmen kann. So viel Liebe müssen die Eltern in dieses Gefäß hineingeben, daß es überfließt. Dann erst ist das Kind fähig, von sich aus anderen Liebe entgegenzubringen.

Wenn das Gefäß nie ganz gefüllt wurde, wird das Kind und später der Erwachsene nur begrenzt oder möglicherweise gar nicht fähig sein, Liebe zu schenken. Und, was noch schlimmer ist, jener Behälter wird dann wie ein Faß ohne Boden werden, den keine noch so große Liebe je ausfüllen kann. Dieser Mensch wird sich nie wirklich geliebt fühlen. Selbst wenn er später verheiratet ist und sein Ehepartner ihm unendliche Liebe entgegenbringt, wird er sich nicht geliebt fühlen. Und er kann auch kaum Liebe schenken.

Wie aber spürt ein so kleines Kind, ob es geliebt wird? In einem Gefängnis beobachtete einmal eine Gruppe von Psychologen einige Frauen, die kurz vor ihrer Niederkunft standen. Man wollte herausfinden, ob man irgendwie voraussagen konnte, welche Mütter ihre Kinder später behalten und welche sie zur Adoption freigeben würden. Die Mütter selbst hatten sich noch zu nichts entschlossen. Doch recht bald konnten die Psychologen vorhersagen, wie die Entscheidung jeweils ausfallen würde, denn die Frauen zeigten ganz unterschiedliches Verhalten.

Wenn die einen ihr Neugeborenes zum ersten Mal in den Armen hielten, berührten und streichelten sie vorsichtig seinen Kopf mit den Fingerspitzen. Dann betrachteten sie die Arme, den Leib und die Beine ihres Kindes. Sie zählten die Zehen und die Finger, wickelten dann ihr Baby wieder in die Decke und gaben ihm die Flasche. Das waren die Mütter, die ihre Babys schließlich behielten. Die Frauen, die ihre Kinder nicht behielten, nahmen ihr Neugeborenes in den Arm, und dann steckten sie ihm sofort die Flasche in den Mund.

Wenn schon jene Psychologen erkennen konnten, welche Mütter ihre Babys behalten würden, wieviel mehr muß dann das Neugeborene selbst empfinden, ob die Mutter es wirklich liebt. Wenn die Mutter es nicht haben will, wird das Kind und später sogar noch der Erwachsene im Innersten stets das Gefühl behalten, abgelehnt zu werden.

Christian

Wir erlebten einmal mit, wie tragisch es enden kann, wenn ein Kind sich nicht geliebt fühlt. Ein junger Mann, den wir gut kannten, hatte schon vor der Ehe sexuelle Gemeinschaft mit seiner Freundin gehabt. Als die Freundin dann schwanger wurde, drängten die Eltern auf eine schnelle Heirat, damit niemand gewahr wurde, was geschehen war. Nach ihrer Hochzeit merkten die beiden jungen Leute jedoch bald, daß sie zu wenig Gemeinsames hatten. Als sie Eltern geworden waren, wurde es ihnen schnell lästig, daß einer von ihnen immer zu Hause bei Christian bleiben mußte. Da beschlossen sie, einmal in der Woche Christian einfach allein in seinem Bettchen zu lassen und dann abends auszugehen. Knapp drei Jahre später endete die Ehe mit einer Scheidung. Christian wurde zu einer Großtante geschickt, die ihn wirklich liebte und für ihn sorgte. Nur leider war sie schon fast siebzig Jahre alt und konnte ihn nicht länger als ein Jahr versorgen.

Einer von Christians Onkeln hatte inzwischen geheiratet, und er erbot sich, dem kleinen Jungen ein neues Zuhause zu geben. Während die Erwachsenen noch über diese Möglichkeit nachdachten, spürte Christian schon, daß etwas im Gange war, und wandte sich an seine Großtante. „Tante", bettelte er, „ich kann doch bei dir bleiben, ja?" Aber der Tag kam, an dem er mit seinem Onkel mitgehen mußte.

Christians Onkel und seine Frau liebten ihn. Sie versicherten ihm, daß er ganz zu ihrer Familie gehöre. Für immer dürfe er nun bei ihnen bleiben, weil sie sein neuer Vati und seine neue Mutti seien. Wenn Christian fragte, warum seine eigene Mutter ihn nicht lieb hatte und ihn nicht haben wollte, erklärten sie ihm behutsam, daß seine richtige Mutter ihn auch lieb hatte. Aber ihre Liebe sei mehr wie die Liebe einer Tante. Schließlich akzeptierte Christian seine neue Familie mit den zwei Brüdern und der Schwester, die sich bald noch einstellten.

Da nahm ihn eines Tages seine leibliche Mutter für einen Monat mit zu sich nach Hause in die Ferien. In dieser Zeit versicherte sie Christian, daß sie ihn wirklich lieb habe. Er sei ihr Sohn, und sie liebe ihn wie alle guten Mütter. Seine neue Mutter liebe ihn in Wirklichkeit nur wie eine Tante. Als der Ferienmonat vorbei war, brachte sie ihn zurück zu der Familie seines Onkels.

Nun war Christian ganz durcheinander. Wenn seine Mutter ihn wie eine Mutter liebte und seine Tante wie eine Tante, warum ließ ihn dann seine Mutter bei der Tante leben, die sagte, sie liebe ihn wie eine Mutter und seine Mutter liebe ihn wie eine Tante? Das einzige, was Christian jetzt noch tun konnte, war auf seinem Bett zu sitzen und eine Schallplatte anzuhören, die seine Mutter ihm zum Abschied geschenkt hatte. Er konnte nicht mehr spielen und auch nicht mehr zum Kindergarten gehen.

Schließlich brachte ihn seine neue Mutter zu einem Psychologen. Er mußte, als er sechs Jahre alt war, wegen seiner seelischen Schwierigkeiten vom Schulbesuch zurückgestellt werden und den Schulkindergarten besuchen. Christian sah inzwischen aus wie ein wandelndes kleines Skelett mit hängenden Schultern und bedrücktem Gesicht. Sein Asthma, unter dem er schon früh gelitten hatte, verschlimmerte sich. Seine neue Mutter und sein neuer Vater gaben ihm viel Zuwendung und Liebe, aber er war unfähig, Liebe aufzunehmen. Der Psychologe sagte ihnen, daß dies nicht allein auf die Scheidung seiner Eltern zurückzuführen war. Es hatte seine Wurzeln in Christians früher Kindheit, als er für Stunden und Stunden in seinem Bettchen allein gelassen worden war.

Eines Tages entschloß sich Christians leibliche Mutter, ihn zu sich nach Hause zu holen und selbst für ihn zu sorgen. Sie wollte eine gute Mutter für ihn sein und tat für ihn, was sie nur konnte. Als aber die Ferien kamen, wollte sie Christian nicht auf ihre Urlaubsreise mitnehmen. Statt dessen brachte sie ihn bei seinem leiblichen Vater und dessen neuer Frau unter und reiste mit ihrem Freund ins Ausland.

Mit den Jahren war Christians Asthma immer schlimmer geworden. Seine Mutter hatte deshalb beschlossen, ihn zu einer vierwöchigen Kur für Asthmakinder an die Nordsee zu schicken, nachdem sie aus dem Urlaub zurückkam. Da er ja nun ein großer Junge war, sollte er allein mit dem Zug dorthin reisen. Christian allerdings verabscheute es, in einem anderen als in seinem eigenen Bett zu schlafen. Er verabscheute die ganze Idee.

Einige Tage vor der Rückkehr seiner Mutter bekam Christian einen so schweren Asthmaanfall, daß er ins Krankenhaus mußte. Seine Mutter kam an einem Mittwoch aus dem Urlaub zurück und holte Christian sofort aus dem Krankenhaus, damit er für die Abreise am Freitag bereit wäre. Als sie zu Hause ankamen, hatte er wieder einen Asthmaanfall. Sie fuhr schnell mit ihm zurück ins Krankenhaus, aber er starb auf dem Weg dorthin. An seinem zehnten Geburtstag wurde Christian beerdigt.

Ich sprach mit einem befreundeten Psychiater über meine Vermutung, daß die eigentliche Ursache für den Tod dieses Kindes sein unerfülltes Bedürfnis nach Liebe gewesen war. Er bestätigte, daß dies mit großer Wahrscheinlichkeit als der tiefste Grund für das tragische Geschehen gesehen werden müsse. Obwohl Christian später so viel Liebe empfing, war sein „Gefäß" in seiner frühen Kindheit zum Faß ohne Boden geworden. Er konnte einfach keine Liebe mehr fühlen.

Christians Leben ist ein ungewöhnlich tragisches Beispiel. Nur wenige Menschen haben so sehr gelitten. Aber es gibt viele, die mit einem inneren „Faß ohne Boden" herumlaufen. Sie können Liebe und Anerkennung nicht empfinden, weil sie in ihrer frühen Kindheit nicht so geliebt wurden, wie sie es brauchten und wie sie es aufnehmen konnten.

Als wir noch in Monteria in Nordkolumbien wohnten, ging ich eines Tages zu einer Wäscherei, um dort Kleidung abzuholen. Die Wäscherei war in einem abgetrennten Raum im Haus des Eigentümers untergebracht. Drinnen in der Wohnung konnte ich ein Kind vor Angst und Entsetzen schreien hören. Ich nahm an, daß sich jetzt erst jemand um das Kind kümmerte. Deshalb wartete ich längere Zeit. Zwanzig Minuten stand ich da, und die ganze Zeit über schrie und weinte das Kind ohne Pause. Da es ein Montagmorgen war, konnte es sein, daß die Eltern so betrunken waren, daß sie ihr Kind gar nicht hörten. Aber vielleicht hatten sie es auch tatsächlich ganz allein drinnen eingeschlossen.

Wie viele Kinder werden unter solchen Bedingungen allein gelassen! Sie schreien und schreien, und niemand kümmert sich um sie. Und wenn es schließlich jemand tut, dann oft voller Mißmut.

Eine meiner Freundinnen war im Krankenhaus zur Geburt ihres fünften Kindes. Im selben Raum lag eine Frau, deren Mann nichts von Empfängnisverhütung hielt. Sie hatte gerade ihr dreizehntes Kind geboren. Als man ihr die neue Tochter in die Arme legte, weinte sie. Auch wenn diese Mutter sich darum bemühte, sie würde nicht fähig sein, ihrem Kind die Liebe und Anerkennung zu geben, die es brauchte.

Es kann noch andere Gründe dafür geben, daß ein Kind nicht genug Liebe empfängt. So kann es sein, daß seine Mutter stirbt und die zweite Mutter sich nicht genug um das Kind kümmert. Manchmal muß ein Kind für längere Zeit ins Krankenhaus und ist auf diese Weise von seinen Eltern getrennt. Oder die Eltern sind durch familiäre Probleme und Auseinandersetzungen so belastet, daß sie nicht mehr die Kraft haben, sich ihren Kindern ausreichend zuzuwenden. Vielleicht auch haben die Eltern selbst nicht genug Liebe empfangen und sind deshalb unfähig, Liebe so weiterzugeben, daß das Kind sie spürt. Möglicherweise war der Vater Alkoholiker und mißhandelte seine Familie, oder die Mutter schämte sich seinetwegen so sehr, daß auch sie ihre Aufgabe nicht mehr ausfüllen konnte. Es kann auch sein, daß jemand im Krieg oder in einer Zeit politischer Anarchie geboren wurde und daß alle in seiner Umgebung so von Angst beherrscht wurden, daß keiner Zeit hatte für Äußerungen der Liebe.

Vergebung

Ein weiteres Bedürfnis hat jedes Kind: Es muß Vergebung empfangen. Werden einem Kind seine kleinen (und großen) Fehltritte nicht vergeben, dann ist es später als Erwachsener unfähig, anderen zu vergeben. Wer Christ ist und weiß, daß er anderen ihr Unrecht vergeben *muß,* der versucht dann vielleicht, seine eigenen Gefühle so lange zurechtzubiegen, bis er etwas empfindet, das in etwa einer Vergebung gleicht. Er sagt, daß er demjenigen vergibt, der ihm Unrecht getan hat, und verdrängt seinen Schmerz.

Aber das ist keine echte Vergebung. Es bleibt eine Tatsache, daß wir nicht mehr Vergebung schenken können, als wir selbst empfangen haben. Viele Menschen haben so tiefe seelische Erschütterungen erlebt, daß sie denen, die sie verletzt haben, nicht vergeben können. Wenn sie dann Christen werden und erfahren, daß sie vergeben *müssen,* versuchen sie verzweifelt, Gefühle der Vergebung zu produzieren, und fühlen sich zutiefst schuldig, weil sie dazu nicht fähig sind.

Ana Cecilia wurde in sehr ungünstige Familienverhältnisse hineingeboren. Ihr Vater war ein Spieler. Oft verlor er beim Spiel hohe Summen. Ana Cecilia folgte seinem Beispiel. Als sie fünf Jahre alt war, verspielte sie fünf Pesos, die ihre Mutter ihr für eine Besorgung gegeben hatte. Als ihr Vater das erfuhr, band er dem Kind die Handgelenke zusammen und hängte es so über einen großen Nagel, der in einem Dachbalken steckte. Dann schlug er das Mädchen mit seinem Gürtel, bis er nicht mehr konnte. Danach schlug ihre Mutter sie, bis sie ebenfalls erschöpft war. Als das kleine Mädchen zwischendurch ohnmächtig wurde, steckten sie es in ein Faß mit kaltem Wasser, damit sie wieder zu sich kam, nur, um sie dann wieder aufzuhängen und weiter zu schlagen. Für die ganze folgende Woche wurde Ana Cecilia nackt ins Schlafzimmer eingesperrt, damit sie begriff, was für ein schlechtes Mädchen sie sei.

Aber es wurde noch schlimmer im Leben des Kindes. Als sie sieben Jahre alt war, wurde sie wiederholt von ihrem Bruder vergewaltigt. Später bekam sie drei Kinder von ihrem Onkel und noch zwei weitere von zwei anderen Männern. Außerdem plagte sie eine unersättliche Sucht nach Glücksspielen.

Eines Tages hörte Ana Cecilia das Evangelium und übergab ihr Leben Jesus. Aber sie fand keinen wirklichen Frieden, und auch ihre Probleme bei der Zusammenarbeit mit ihren Kollegen dauerten an. Für den geringsten Irrtum erteilte sie einen strengen Verweis. Ana Cecilia sagte mir, als wir darüber sprachen: „Ich denke immer, wenn man mich wegen fünf Pesos aufgehängt hat, warum soll ich anderen dann nicht richtig klarmachen dürfen, was *sie* getan haben?"

Wir nahmen uns Zeit zum Gebet wegen jener grauenvollen Mißhandlung, die ihre Eltern ihr angetan hatten. Ich bestand darauf, daß sie laut aussprach, was sie ihrem Vater gegenüber fühlte.

„Er ist ungerecht!" sagte sie. „Was er tat, war nicht recht."

„Dann sag: Vater, du warst ungerecht!"

Ana Cecilia blieb eine Weile still. Schließlich sagte sie: „Es stimmt nicht, daß mein Vater ungerecht war."

„Was ist er dann?" fragte ich.

„Er ist ... Er ist ... Er ist ein Teufel!" schrie sie schließlich. „Er ist ein Teufel!"

„Dann sag: Vater, du bist ein Teufel! Nie im Leben kann ich dir vergeben, was du mir angetan hast!"

Ana Cecilia brach in Tränen aus. „Ja, das stimmt, das ist die Wahrheit. Ich kann dir niemals vergeben, Vater. Du bist ein Teufel."

Sacht legte ich meine Hand auf Ana Cecilias Schulter, um sie zu trösten. „Sag das alles Jesus. Sag: Jesus, ich hasse meinen Vater. Ich wünschte, er würde sterben. Ich will ihn nie wieder sehen!"

„Ja, Jesus, das stimmt", schluchzte sie. „Ich hasse ihn. Ich hasse ihn! Ich will, daß er stirbt! Ich will ihn nie wieder sehen!"

„Dann sag Jesus", fügte ich vorsichtig hinzu, „Jesus, ich kann diesen Haß nicht länger tragen. Er bringt mich um. Gerade jetzt, Jesus, gebe ich dir den Haß, den ich fühle, und das Unrecht und die Demütigung, die ich erlitt. Ich lege das alles auf dich. Trag es für mich. Ich kann es keinen Augenblick mehr tragen."

Aus tiefstem Herzen betete Ana Cecilia diese Worte nach. „Jesus, ich kann meinem Vater nicht vergeben. Aber nun lege ich diesen Schmerz auf dich. Bitte fülle du mich mit deiner Vergebung."

Und dann wandte sie sich in Gedanken an ihren Vater und sagte ihm: „Vater, ich selbst kann dir nicht vergeben, was du mir angetan hast. Aber ich öffne mich jetzt für die Vergebung, die Jesus in mich hineinfließen läßt. Ich nehme die Vergebung Jesu und gebe sie an dich weiter. Vater, mit der Vergebung Jesu vergebe ich dir, was du mir angetan hast. Vergib bitte auch mir, wenn ich dir gegenüber nicht richtig gehandelt habe."

Anschließend vergab Ana Cecilia auf dieselbe Weise auch ihrer Mutter. Nur so konnte sie von dem Trieb befreit werden, sich an anderen für ihre Vergangenheit zu rächen. Ihr Schmerz war so tief gewesen, daß sie niemals Gefühle der Vergebung hätte hervorbringen können.

Geborgenheit

Ein drittes grundlegendes Bedürfnis für jedes Kind ist Geborgenheit. Jedes Kind braucht ein Gefühl der Sicherheit. Es muß fühlen können, daß seine Eltern eine schützende Mauer bilden zwischen ihm und der mit unbekannten Gefahren erfüllten Welt um es herum. Oft fehlt dieser Schutzwall. Und manchmal sind es sogar die Eltern selbst, die Ängste in ihr Kind hineinpflanzen, indem sie versuchen, es gefügig zu machen mit Bemerkungen wie: „Paß auf, sonst holt dich die Polizei!" oder „Wenn du nicht brav bist, holt dich heut abend der Bullermann!"

Hans

Niemals werde ich Hans vergessen. Er war dabei, sich auf den Gemeindedienst vorzubereiten, aber er kam mit seinem Verhalten anderen gegenüber nicht zurecht und wollte mit mir darüber sprechen. Hans hatte eine unglückliche Art, andere barsch anzufahren. Er wollte das gar nicht. Aber immer wieder rutschte ihm eine verletzende Bemerkung heraus.

Hans wurde zu Beginn des zweiten Weltkrieges in Osteuropa geboren. Sein Vater hatte sich in der Politik eingesetzt und arbeitete gegen die Nazis. Schließlich mußte er fliehen. Lange Zeit wußte niemand, ob er tot oder lebendig war.

Eines Tages sagte Hans' Mutter zu ihren vier Kindern, daß sie zusammen einen Ausflug machen wollten. Gemeinsam fuhren sie los, aber dann fand sich Hans plötzlich allein mit seinen drei jüngeren Schwestern in einem Flugzeug wieder. Keins von den Kindern wußte, wohin sie flogen. Sie weinten und weinten. Als Hans merkte, daß seine Schwestern beinahe verrückt wurden vor Angst, schluckte er seine eigenen Tränen hinunter, um sie zu beruhigen. Als das Flugzeug landete, waren sie in der Schweiz. Sie wurden von Fremden in Empfang genommen und in ein Internat gebracht. Dort mußten sie eine neue Sprache sprechen und eine neue Kultur kennenlernen. Nach einem Jahr tauchten plötzlich ihre Eltern auf und nahmen sie mit nach Spanien. Dort gingen sie wieder zu einer neuen Schule und mußten wieder eine neue Sprache lernen.

Für eine Weile lebte die ganze Familie zusammen in Spanien. Aber eines Tages mußte der Vater sie erneut verlassen. Die Mutter und die Kinder fuhren mit dem Zug durch Frankreich und Deutschland zurück in ihr Heimatland. Vom Zug aus sah Hans brennende Häuser und in Panik fliehende Menschen. Überall lagen Tote. Es war ungewiß, ob sie je ihr Ziel erreichen würden. Bald nachdem sie zu Hause angekommen waren, mußten sie zum zweiten Mal nach Spanien fliehen. Als der Krieg vorbei war, kam der Vater zu ihnen. Eines Tages sagte er zu seinem Sohn: ,,Hans, wir gehen jetzt in die Vereinigten Staaten. Von heute an wirst du wieder deinen richtigen Namen tragen. Du heißt nicht Hans. Das ist nur der Name, den wir dir gaben, um dich zu verbergen: In Wirklichkeit heißt du Filipe.''

Als sie in den USA ankamen, fand sich Filipe in einer weiteren Schule mit noch einmal einer neuen Sprache und Kultur wieder. Er gab sich alle Mühe, sich wie ein Amerikaner zu verhalten, aber er fiel doch immer wieder als Fremder auf. Und trotz all seiner Anstrengungen gingen seine Schulleistungen zurück. Alles schien auf einmal schief zu gehen, obwohl Filipe sehr intelligent war. Vielleicht litt er gerade wegen seiner hohen Intelligenz ganz besonders unter seinen Schwierigkeiten.

Schließlich kam Filipe auf eine besondere Schule, und dort erholte er sich langsam. Wegen seiner hohen Intelligenz wurde er später an einer Elite-Universität zugelassen. Aber wieder einmal war er den Anforderungen nicht gewachsen und mußte gehen.

In Filipes Leben ging es weiter bergab bis zu dem Tag, an dem er Jesus als seinen Retter fand. Er erlangte Vergebung für seine Sünden und begann ein neues Leben. Nun war er dabei, sich auf den Gemeindedienst vorzubereiten.

Er wollte der Gemeinde dienen und ertappte sich doch selbst immer wieder dabei, wie er grob und barsch mit den Gemeindegliedern umging. Wenn sie nicht alles so perfekt machten, wie er es sich vorstellte, dann verspottete er sie. Er konnte dieses Verhalten selbst nicht verstehen.

Als Filipe mir seine Geschichte erzählt hatte, sagte ich ihm, daß er den Schmerz seiner Kinderjahre noch einmal in sich lebendig werden lassen und dann alles dem Herrn zu tragen geben müsse. Eines Tages beteten wir, daß Gott selbst die Tür zu seiner Vergangenheit öffnen möge, damit ans Licht komme, was verdrängt war.

Eine Woche danach kam Filipe mit strahlendem Gesicht wieder zu mir. Er erzählte, daß er beim Gebet mit seinen ,,inneren Augen'' gesehen habe, wie Gott ihm einen Schlüsselbund gab.

,,Und dann war da so etwas wie ein Gefängnis mit einer schweren Tür'', sagte Filipe. ,,Ich nahm einen Schlüssel und öffnete die erste Tür. Drinnen saß ein kleiner Junge, der weinte. Ich sprach ihn in meiner Muttersprache an. ‚Jesus kümmert sich um alle deine Probleme', sagte ich ihm. ‚Du kannst jetzt rauskommen.' Der kleine Junge kam aus dem Gefängnis.

Neben mir war noch eine Tür. Mit einem anderen Schlüssel versuchte ich, sie aufzuschließen. Drinnen sah ich einen etwas größeren Jungen. Ich sprach ihn auf Deutsch an, weil ich mir sicher war, daß ich selbst dieses Kind war, das dort in Dunkel und Einsamkeit saß. Ich sagte ihm, daß alles gut sei. Der Junge kam heraus.

Dann öffnete ich eine weitere Tür und fand ein noch etwas älteres Kind. Es weinte, und es zitterte vor Angst. Ich sagte ihm auf Spanisch: ‚Du kannst jetzt rauskommen. Jesus hat für alles gesorgt.' Auch dieser Junge kam heraus.

Als ich die letzte Tür geöffnet hatte, fand ich einen Teenager, und ich sagte ihm auf Englisch, daß er herauskommen könne.''

,,Ich fühle mich wie erlöst'', sagte Filipe. ,,Aber ich habe immer noch Angst. Diese Gefängnisse sind noch da. Wenn ich nun wieder in sie zurückgehe?''

,,Laß uns noch einmal beten'', sagte ich, ,,und Jesus bitten, diese Gefängnisse ans Kreuz zu tragen.''

Ich bat Gott, Filipes ,,innere Augen'' wieder zu öffnen, damit er ,,sehen'' konnte, wie Jesus alles für ihn hinwegtrug.

Nachdem wir gebetet hatten, sagte Filipe: ,,Ich sah, wie alle diese Gefängnisse sich in Pappkartons verwandelten und wie sie dann davonrollten und im Meer verschwanden. Nun sehe ich da, wo sie standen, eine wundervolle Landschaft. Kleine, mit roten Ziegeln gedeckte Häuser stehen da. Es sieht aus wie in Spanien. Weiß du was? Meine Angst ist weg!''

Filipe hatte als Kind nicht den Schutz und die Geborgenheit empfangen, die er brauchte. Aber nun hatte Jesus alles auf sich genommen, was geschehen war. Danach veränderte sich Filipes Verhalten anderen gegenüber.

Esther

Esther war fünf Jahre alt, als der Bürgerkrieg in Kolumbien in seine schlimmste Phase kam. Einmal erlebte sie mit, wie ihr Vater mit erhobenen Armen vor einigen Soldaten kniete, die ihn umstellt und ihre Gewehre auf ihn gerichtet hatten. Er flehte sie an, ihn nicht zu erschießen und die Frauen aus der Familie nicht zu vergewaltigen. Da zu ihrer Verwandtschaft einige einflußreiche Mitglieder der konservativen Partei zählten, durften sie alle schließlich am Leben bleiben.

Mehrmals erlebte Esther, wie verstümmelte Leichen von Lastwagen aus in eine Schlucht nahe bei ihrem Haus geworfen wurden. Sie konnte sich noch genau an die Geier erinnern, die über der Schlucht kreisten und auf ihre Mahlzeit warteten.

Besonders tief hatte sich bei ihr ein Tag eingeprägt, an dem sie zusammen mit ihrer Schwester auf ihrem täglichen Weg zum Wasserholen gewesen war. Während sie sich jener Schlucht näherten, sahen sie zwei Männer, die an einer Stange zwischen sich einen an Händen und Füßen zusammengebundenen Leichnam trugen. Als die Männer näherkamen, bemerkten die beiden Mädchen, daß der Leichnam keinen Kopf mehr hatte. Weiter hinten kam noch ein Mann, der den Kopf in einem blutgetränkten Sack trug. Solche und ähnliche Dinge wiederholten sich mehrfach in jenen schrecklichen zwei Jahren. Schließlich mußte die Familie ihr Heim verlassen, weil die Gebäude niedergebrannt worden waren.

Nun, als Erwachsene, hatte Esther eine krankhafte Angst vor dem Leben auf dem Land. Wenn sie nur im Fernsehen eine Schlange sah, wurde sie ohnmächtig vor Angst. Sie haßte die Menschen, die sie so sehr hatten leiden lassen. Ihr Haß und ihre Angst wuchsen und wuchsen, bis Esther eines Tages aufwachte und sich selbst angebunden im Bett einer psychiatrischen Klinik wiederfand. Zwei Monate waren vergangen, bevor ihr überhaupt bewußt geworden war, wo sie sich befand.

,,Wenn ich ein Mann gewesen wäre", sagte Esther mir später, ,,wäre ich zu den Guerillas gegangen. Ich wollte diese Leute umbringen."

Schließlich hörte Esther von jemandem, daß Jesus sie neu machen wolle, und sie nahm Jesus als ihren Herrn auf. Ihr Leben wurde vollkommen umgewandelt. Die Angst allerdings vor dem Land und vor Schlangen blieb, und die bloße Erwähnung von Guerillatätigkeiten füllte sie weiterhin mit Entsetzen.

Nach einem Seminar über geistige Hygiene für Christen bat mich Esther um ein persönliches Gespräch. Unter Tränen erzählte sie mir die Geschichte ihres Lebens. Sie zitterte vor Angst, als sie sich an das erinnerte, was während des Bürgerkrieges geschehen war.

Als Esther ihre Geschichte beendet hatte, bat ich Gott im Gebet, ihr inneres Auge zu öffnen, damit sie sehen konnte, was Jesus getan hätte, wenn er in jener Zeit sichtbar auf ihren Bauernhof gekommen wäre. Ich ermutigte sie, sich noch einmal an die Szene zu erinnern, als ihr Vater mit erhobenen Händen auf dem Boden kniete und die Soldaten, die mit angelegtem Gewehr um ihn herumstanden, anflehte, ihn nicht zu erschießen und die Frauen nicht zu vergewaltigen.

,,Esther", sagte ich zu ihr, ,,sieh, wie Jesus in diese Situation hineinkommt. Er geht zu den Soldaten und nimmt all ihren Haß auf sich. Sie erkennen ihn und fallen auf ihre Knie, einer nach dem anderen, und sie werfen ihre Gewehre weg. (Die Bibel sagt, daß sich einmal jedes Knie vor ihm beugen muß.) Sieh, wie Jesus die Gewehre einsammelt und sie wegwirft. Nun geht Jesus zu deinem Vater und hilft ihm auf die Füße. Er umarmt ihn und nimmt seine Furcht fort. Dann kümmert sich Jesus um deine Mutter und um deine Schwestern. Nun kommt er zu der kleinen Esther, nimmt sie in seine starken Arme und stillt ihr Zittern und ihre Furcht."

,,Und nun, Esther", fuhr ich fort, ,,erinnere dich an die Sache mit dem Leichnam ohne Kopf. Du gehst mit deiner Schwester wieder in jene Schlucht, und du entdeckst diese zwei Männer, die den enthaupteten Leichnam an der Stange tragen. Aber sieh! Dort kommt Jesus! (Erinnerst du dich, was er tat, als der Sohn der Witwe gestorben war? Er erweckte ihn wieder zum Leben.) Sieh, wie Jesus zu den zwei Männern geht, die den Leichnam tragen und ihnen befiehlt, ihn niederzulegen. Dann sagt er dem anderen Mann, der den Kopf trägt, daß er ihn herbringen und an seinen rechten Platz am Körper setzen soll. (Denke daran, wie Gott in Hesekiel 37 verspricht, die vertrockneten Knochen wieder mit Leben zu erfüllen.) Jesus erneuert das Leben auch in diesem Leichnam. Er erweckt diesen Mann wieder zum Leben und nimmt ihm die schreckliche Angst, die ihn packte, als er merkte, daß man ihn ermorden würde."

Ich legte meine Hände sacht auf Esthers Augen und Ohren und betete: „Danke, Herr, daß du diesen Mann für Esther wieder erweckt hast. Nun heile diese Augen, die diese schlimmen Dinge gesehen, und die Ohren, die sie gehört haben. Heile das Unterbewußtsein, das diese Erinnerungen aufbewahrt hat. Danke, daß Esther nun jedesmal, wenn sie sich an diese Szenen erinnert, auch daran denken wird, wie du durch deine Gegenwart alles wieder gut machst."

Einige Wochen später sah sich Esther mit ihrer Tochter zusammen einen Fernsehfilm an, in dem eine Schlange vorkam. Ihre Tochter schrie: „Mama, mach die Augen zu. Da ist eine Schlange!"

„Ich machte meine Augen nicht zu", erzählte Esther später. „Ich sah mir den ganzen Film an und blieb vollkommen ruhig. Gott hatte meine Ängste geheilt."

Schlangen waren für Esther zum Symbol für die Schrecken ihrer Kindheit geworden. Nun hatte auch das Symbol seinen Schrecken für sie verloren.

Lob und Anerkennung

Weiter ist von grundlegender Bedeutung für jedes Kind, daß es gelobt wird. Das Neugeborene weiß nichts über sich selbst, nicht einmal, daß es überhaupt da ist. Es weiß nicht, wo es selbst aufhört und wo seine Wiege beginnt. Da liegt es, schön und bewunderungswürdig und mit erstaunlichen Fähigkeiten begabt, aber es ist sich seiner selbst nicht bewußt. Es war für mich oft aufschlußreich, unsere Kinder zu beobachten, als sie einige Monate alt waren. Da kam es vor, daß sie sich die eigenen Zehen in den Mund steckten und fest hineinbissen und dann anfingen zu schreien, als ob ihnen jemand etwas Schreckliches angetan hätte. Sie wußten noch nicht, daß diese Zehen zu ihrem eigenen Körper gehörten.

Weil sich das Neugeborene seiner selbst nicht bewußt ist, weiß es auch nicht, ob es wertvoll ist oder wertlos. Erst sehr viel später lernt ein Mensch, daß er eine selbständige Persönlichkeit ist und daß er wertvoll ist. Aber ein Neugeborenes und ein Kleinkind kann nur durch die Menschen in seiner Umgebung entdecken, wer es ist, also zunächst durch seine Eltern und Geschwister und später auch durch andere Personen.

Wenn man dem Kind beständig sagt, daß es alles verkehrt macht, daß es sich dumm und ungeschickt anstellt, dann ist es früher oder später davon überzeugt, wirklich unbegabt und wertlos zu sein. Viel zu oft wird Kindern gesagt: ,,Du bist so dumm!"

Als wir in Nordkolumbien in einer Gemeindeaufbauarbeit tätig waren, besuchten wir auch viele Familien. Wenn uns die Eltern dann ihre Kinder zeigten, konnten wir häufig Sätze hören wie: ,,Das ist Blanca. Sie hat sich wirklich gut gemacht. Und dann haben wir auch noch Negrita. Aber sie taugt überhaupt nichts."

Diese Eltern gaben Negrita das Gefühl, wertlos zu sein. Und genau davon wird sie später, wenn sie heranwächst und wenn sie erwachsen ist, überzeugt sein. Blanca aber wird merken, daß sie nicht so vollkommen ist, wie ihre Eltern meinten. Tief in ihrem Innersten wird sie wissen, daß auch sie sich manchmal dumm oder ungeschickt verhält. Sie wird spüren, daß sie nie die hochgesteckten Erwartungen ihrer Eltern erfüllen kann. Und deshalb wird sie sich ebenfalls wertlos vorkommen.

Elvia

Elvia war Psychologin. Erst kürzlich hatte sie ihr Leben dem Herrn übergeben. Deshalb bat man sie, wie es in ihrer Kirche üblich war, vor der Gemeinde zu bezeugen, was Jesus in ihrem Leben getan hatte.

Elvia aber wies das von sich: ,,Was soll ich schon sagen? Ich war vorher glücklich, und ich bin noch immer glücklich. Das ist es wohl nicht wert, erwähnt zu werden."

Sie erklärte das immer wieder so nachdrücklich, daß ich schließlich den Eindruck bekam, irgend etwas stimme nicht in ihrem Leben. Einen Monat später rief uns abends um halb elf ein junger Mann aus der Gemeinde an. Er bat uns, in das Haus von Elvias Freundin zu kommen, wo einige Leute schon seit zwei Tagen dafür beteten, daß die beiden von dämonischen Bindungen frei würden. Wir fuhren hin, um zu sehen, was wir tun konnten, und erfuhren jetzt, daß die beiden jungen Frauen eine lesbische Beziehung zueinander hatten.

Am nächsten Tag riefen sie wieder an, weil sie die ganze Nacht aufgeblieben und nun am Ende ihrer Kräfte waren. Schließlich brachten wir Elvia zu uns nach Hause, weil sie so von Angst beherrscht war, daß sie nicht einmal wagte, sich hinzusetzen. Ich gab ihr ein Medikament, um sie ruhig zu stellen, und blieb an ihrem Bett, bis sie eingeschlafen war. Am nächsten Morgen schien sie ganz entspannt zu sein. Sie ging wieder nach Hause und verzog kurze Zeit darauf in eine andere Stadt.

Nach ungefähr drei Monaten besuchte mich Elvia noch einmal. Sie wollte mir ihren Entschluß mitteilen, in ihr altes Leben zurückzukehren. Ihr neues Leben sei nicht wert, gelebt zu werden.

Drei Stunden lang versuchte ich, Elvia zu überreden, sich nicht von Jesus loszusagen. Schließlich mußte ich aufgeben. ,,Gut, dann geh zurück in dein altes Leben", sagte ich. ,,Ich kann dich nicht daran hindern. Nicht einmal Gott wird dich zurückhalten, wenn du gehen willst. Aber sei versichert: Gott läuft nicht hinter dir her. Die Bibel sagt: ,Heute, wenn du seine Stimme hörst, dann verstocke dein Herz nicht.' Wenn du zurückgehst, dann erwarte nicht, daß Gott hinterherkommt und dir ein zweites Mal heraushilft."

,,Aber dieses Leben ist nicht der Mühe wert", antwortete sie. ,,Und außerdem kannst du mir sowieso nicht helfen, denn du bist eine Frau. Diese Macht, die in mir ist, sagt mir, daß nur ein Mann mir helfen kann."

Elvia hatte mich fast überzeugt, als der Heilige Geist mir die Lüge zeigte. „Das stimmt nicht", sagte ich ihr. „Vor Gott haben Männer und Frauen Zugang zu derselben Kraft. Außerdem habe ich nicht vor, diese Macht aus dir hinauszuwerfen. Es ist Jesus, der vollkommene Mann, der sie hinauswerfen will."

Gerade in diesem Augenblick kam eine andere Mitarbeiterin aus der Gemeinde in unsere Wohnung. Gemeinsam beteten wir für Elvia. In der Kraft Jesu trieben wir bei Elvia einen Lesbierdämon aus, einen Dämon des Hasses, einen des Ärgers und noch viele andere.

Dann erzählte mir Elvia die Geschichte ihres Lebens. Sie wußte nicht, wer ihre Mutter war. War es ihre Tante, mit der Elvia sich gut verstand, die aber unverheiratet war und sie deshalb zu jener Frau gegeben hatte, die Elvia Mutter nannte, oder war es die Frau, zu der sie Mutter sagte, aber die sie haßte und die sie deshalb immer wieder zu der Tante abschob, damit die sie versorgte? Jedesmal, wenn Elvia mit ihrer Mutter darüber sprechen wollte, hatte die nur gelacht und sich geweigert zu antworten.

„Ich weiß, daß meine Mutter mich nicht geliebt hat", fuhr Elvia fort. „Sie sagte mir immer: ‚Deine Hautfarbe ist genauso wie die Hautfarbe deiner Großmutter. Und ich hasse sie. Du taugst nichts. Aus dir wird nie etwas, denn du bist viel zu dumm'."

Elvias Eltern hatten die Möglichkeit, sie zu einer der besten Privatschulen der Stadt zu schicken. Aber zugleich sagten sie ihr, daß sie zu dumm sei, um je etwas lernen zu können.

In Wirklichkeit war Elvia hochintelligent. Sie bekam sehr gute Noten. In ihrem dritten Schuljahr waren ihre Zensuren so außergewöhnlich, daß sie dachte: ‚Nun wird meine Mutter endlich glauben, daß ich nicht so dumm bin, wie sie meint.'

Elvia nahm ihr Zeugnis und stürmte nach Hause. Ihre Mutter saß im Wohnzimmer, als das kleine Mädchen ankam. Sie rannte zu ihr und rief: „Mama, sieh dir meine Zensuren an. Siehst du, ich bin nicht dumm!"

Die Mutter nahm das Zeugnis, sah es sich an und rümpfte dann die Nase. „Hm. Das sind nicht deine Zensuren. Du bist viel zu dumm, um solche Zensuren zu verdienen. Du bist nur der Liebling deiner Lehrerin, und deshalb hat sie dir diese Zensuren gegeben. Niemals wirst du es schaffen, solche Zensuren zu verdienen!"

Elvia machte das Abitur und ging zur Universität, um Psychologie zu studieren. Sie schloß mit sehr guten Noten ab, als eine der Besten in ihrem Jahrgang. Es war während ihrer Zeit auf der Universität, als sie die lesbische Beziehung zu ihrer Freundin begann.

Als sie ihr Studium abgeschlossen hatte, arbeitete Elvia als Psychologin in einer Schule. Eines Tages wurde ihr ein elfjähriges Mädchen zugewiesen, das eine ungesunde Beziehung zu einem anderen Mädchen angeknüpft hatte. „Was konnte ich ihr sagen?" fragte Elvia. „Ich hatte dasselbe Problem. Ich konnte ihr nur sagen, daß sie sich annehmen solle, wie sie sei. Ich sah keine Lösung für mich, wie sollte ich dann ihr helfen?"

Elvia und ich beteten miteinander. Dabei gingen wir regelrecht durch ihr Leben, indem wir Jesus alle einzelnen Stationen nannten, die für Elvia bedeutsam gewesen waren. Als wir zu der Szene kamen, wie sie mit ihrem Zeugnis ins Wohnzimmer rannte, bat ich Gott, er möge ihre inneren Augen öffnen, damit sie Jesus dort im elterlichen Wohnzimmer sitzen sehen konnte.

„Elvia, kannst du mit deinen geistigen Augen Jesus dort in eurem Wohnzimmer sitzen sehen?"

„Ja, ich sehe ihn in dem großen Sessel."

„Nimm dein Zeugnis, und statt zu deiner Mutter zu rennen, lauf zu ihm. Zeig Jesus deine Zensuren und sieh, was er dazu sagt."

Plötzlich fing Elvia an zu schluchzen und zu weinen. Als sie sich wieder beruhigt hatte, fragte ich sie, was geschehen war.

„Ich sah, wie Jesus dort saß", rief sie aus. „Ich nahm mein Zeugnis und lief zu ihm. Er nahm mich auf seinen Schoß, schloß mich in seine Arme und sagte mir: Ich glaube dir, daß du diese Zensuren wirklich verdient hast. Du bist meine Tochter, und ich bin stolz auf dich. Es sind deine Zensuren, und ich bin stolz darauf, daß du sie verdient hast."

In diesem Augenblick nahm Jesus die schreckliche seelische Verletzung auf sich, die Elvia so lange bedrückt hatte. In der Gegenwart Jesu gingen wir weiter durch Elvias Vergangenheit, und ich spürte, wie etwas Besonderes in ihr geschah. Gott heilte die Wurzel von Elvias Problem. Sie hatte sich verzweifelt nach einer Mutter gesehnt. Das war der tiefere Grund dafür, daß sie die lesbische Beziehung angefangen hatte. –

Elvia arbeitet nun unter Studenten. Sie führt sie zu der inneren Heilung, die sie selbst in Jesus gefunden hat. Als wir sie noch einmal baten, ein Zeugnis zu geben, zögerte sie keinen Augenblick mehr. Sie wußte nun, was Gott in ihrem Leben getan hatte.

Kapitel 4: Der Minderwertigkeitskomplex

Jedes Kind braucht, um sich gesund entwickeln zu können, Liebe und Vergebung, Geborgenheit und Anerkennung. Weil aber kein Mensch als Vater bzw. als Mutter vollkommen ist, wird auch kein Kind erwachsen, ohne seelische Verletzungen zu erleiden. Denn bei niemandem wurden die inneren Bedürfnisse so ausgefüllt, wie er das brauchte. Die Folge davon ist, daß jeder mehr oder weniger unter Minderwertigkeitskomplexen leidet, die er durch entsprechende Überheblichkeitsgefühle auszugleichen versucht. Die unterschiedliche Schwere dieser Komplexe kann man an einer Skala darstellen:

+5	*Grad der Überheblichkeitsgefühle*
+4	
+3	
+2	
+1	
———————	*Ausgewogenes Selbstwertgefühl*
-1	
-2	
-3	
-4	
-5	*Grad der Minderwertigkeitsgefühle*

Nur ein einziger Mensch lebte jemals ohne jeden Komplex: Jesus. Er fühlte sich weder minderwertig, noch zeigte er Überheblichkeit. In Johannes 15 sagt er: „Ich weiß, woher ich komme, und ich weiß, wohin ich gehe."

Jesus war Gott, aber er wurde nicht überheblich. Er wurde ans Kreuz genagelt, aber er fühlte sich nicht minderwertig. Er konnte hochgestellten Persönlichkeiten gegenübertreten, und doch war er sich nicht zu gut dazu, mit jener verachteten samaritanischen Frau zu sprechen, die schon mit dem sechsten Mann zusammenlebte.

Kein Mensch wird je dieses gefühlsmäßige Gleichgewicht erlangen, das Jesus hatte, wenngleich das unsere ursprüngliche Bestimmung war. Wir werden uns immer irgendwo in dem Minusbereich der Minderwertigkeitsgefühle befinden.

Angenommen, wir haben Minderwertigkeitsgefühle im Grade von minus zwei. Dann müssen wir irgend etwas dagegensetzen, das dieses Unzulänglichkeitsgefühl ausgleicht, denn wir können nicht leben mit dem ständigen Gefühl, minderwertig zu sein. Das würde uns schließlich in den Selbstmord treiben. Deshalb müssen wir ein Überlegenheitsgefühl im Grade von plus zwei entwickeln, damit unser Mangel ausgeglichen wird.

Wenn wir Minderwertigkeitsgefühle im Grade von minus vier haben, brauchen wir dementsprechend Überlegenheitsgefühle im Grade von plus vier, um unser Leben erträglich zu halten. Wie schaffen wir uns diesen Ausgleich? Es gibt unterschiedliche und zum Teil sogar sehr gegensätzliche Möglichkeiten.

Selbstisolation

Norma war Studentin an unserm Seminar. Mit den anderen Studenten hatte sie wenig Kontakt. Sie blieb immer für sich. Wenn man Norma darauf ansprach, sagte sie: „Mein Problem ist, daß mich die anderen immer in Schwierigkeiten bringen."

Dazu paßte, daß Norma behauptete, selbst nie Probleme zu haben. Alle ihre Probleme und Schwierigkeiten würden von den Menschen um sie her verursacht.

Nach einem Gespräch mit Norma zeigte sich, daß sie unter starken Minderwertigkeitsgefühlen litt, man könnte sagen, im Grade von minus drei. Diese Unzulänglichkeit glich sie aus mit plus drei des überlegenen Gefühls, „nie irgendwelche Probleme zu haben". Alles, was das gute Gefühl, „nie Probleme zu haben", beeinträchtigte, wurde abgeblockt. Deshalb zog sich Norma von jeder näheren Beziehung zu den anderen Studenten zurück. Auf diese Weise hatte sie keine Probleme, und keine Probleme zu haben, gab ihr das Gefühl, wertvoll zu sein.

Aufmerksamkeit erzwingen

Auch wer ständig versucht, sich in den Mittelpunkt zu stellen, will damit meist Minderwertigkeitsgefühle ausgleichen. Denn wenn alle auf einen achten, fühlt man sich wertvoll.

So war es auch bei Pablo. Er sagte mir: „Ich bin ein Profi. Sie sind genauso ein Profi wie ich." Pablo hatte große Minderwertigkeitskomplexe.

Nach vielen Mühen war es ihm gelungen, einen Universitätsabschluß zu erlangen. Also war er nun ein „Profi", und als Profi, so schien es ihm, hatte er wirklich einen Wert. Ständig lenkte er die Aufmerksamkeit auf die Tatsache, daß er ein Profi war. So glich er sein tiefes Gefühl der Minderwertigkeit aus.

Überempfindlichkeit

Wer sich minderwertig fühlt, wird oft überempfindlich. Er hat das Gefühl, daß alle anderen ihm überlegen sind. Wenn er kritisiert wird, fühlt er sich noch mehr herabgesetzt. Das bewirkt ein noch größeres Defizit, und wer dann nicht die innere Kraft hat, das wieder auszugleichen, muß jede Kritik, die solch ein Defizit verursachen könnte, zurückweisen. Oft fühlt er sich sogar schon kritisiert, wenn noch niemand Kritik an ihn heranträgt.

Geht er an Leuten vorbei, die miteinander tuscheln, denkt er sofort: „Was sagen sie jetzt wohl wieder über mich?" Es würde ihm gar nicht in den Sinn kommen, daß die anderen gerade eine Überraschung für ihn planen. Er meint, daß sie bestimmt irgend etwas Schlechtes über ihn sagen.

Es kann aber auch das Gegenteil geschehen. So wies Pablo, der „Profi", jedes Lob zurück. Eines Tages sprach ich anerkennend über einen Vortrag, den er im Seminar gehalten hatte. „Sagen Sie mir nicht so etwas", erwiderte er arrogant. „Ich schätze es nicht, gelobt zu werden. Ich erwarte, daß man mir sagt, was ich falsch mache!"

Pablo hatte eigentlich Angst vor Fehlern. Daß er trotzdem gerade über seine Fehler reden wollte, bedeutete in seiner Vorstellung, daß er reif genug war, um seinen Irrtümern ins Auge zu sehen. Deshalb fühlte er sich als ein wirklich wertvoller Mensch. Wenn er gelobt wurde, fühlte er sich verunsichert, weil er befürchtete, daß man in Wirklichkeit ganz anders über ihn dachte. Er wollte seine Minderwertigkeitsgefühle damit ausgleichen, daß er fortwährend über seine Fehler sprach.

Wer Minderwertigkeitsgefühle hat, will entweder ständig gelobt werden, oder er weist jedes Lob zurück. Jesus nahm beides an, Lob und Kritik, ohne sich minderwertig oder überlegen zu fühlen.

Besitzstreben

Auch durch übersteigertes Besitzstreben gleicht mancher seine Minderwertigkeitsgefühle aus. Man kann dann von ihm Bemerkungen hören wie: „Das ist meins! Laß die Finger davon!"

Manchmal bezieht sich solches Besitzstreben nicht auf Dinge, sondern auf Menschen.

Einige der halbwüchsigen Mädchen einer Gemeinde, in der wir als Pastorenehepaar arbeiteten, fühlten sich minderwertig und unsicher. Deshalb wetteiferten sie ständig darum, die in der Gruppe beliebtesten Mädchen als ihre beste Freundin zu haben. Befaßte sich ein anderes Mädchen zu sehr mit dieser Freundin, war das für diese Mädchen ein Grund, nicht mehr zur Gemeinde zu kommen. Man konnte immer wieder hören, wie eine sagte: „Sie hat mir meine beste Freundin weggenommen. Ich komme nie mehr!"

Diese Mädchen wollten ihre Minderwertigkeitsgefühle damit ausgleichen, daß sie die Beliebtheit ihrer Freundinnen gleichsam in Besitz nahmen. Je beliebter ihre beste Freundin war, desto wertvoller fühlten sie sich selbst. Folglich verging auch ihr Wertgefühl sehr schnell, wenn sie die ungeteilte Freundschaft dieses Mädchens verloren. Je größer der Minderwertigkeitskomplex war, desto beliebter mußte die beste Freundin im Kreis der anderen sein.

Perfektionismus

Wohl jeder kennt Leute, die alles perfekt machen müssen. Wenn ihnen etwas nicht perfekt gelingt, dann fühlen sie sich wertlos. Angenommen, ihr Minderwertigkeitskomplex müßte etwa bei minus fünf in unserer Skala eingeordnet werden, dann müssen sie das mit einer Perfektion im Grade von fünf plus ausgleichen. Wenn Gloria, das Mädchen, das uns für seine Eltern hielt (Kapitel 2), nach dem Kaffeetrinken gegangen wäre, bevor nicht auch die letzte Tasse wieder sauber im Schrank stand, hätte sie sich wertlos gefühlt. Sie bezog ihr Selbstwertgefühl daraus, alles richtig zu machen.

Kritiksucht

Wer sich selbst minderwertig fühlt, kritisiert oft andere aufs schärfste, zum Beispiel mit Bemerkungen wie: ,,Der hat überhaupt keine Ahnung'' oder: ,,Wie kann man nur so dumm sein!'' Wenn jemand, der sich minderwertig fühlt, noch Fehler anderer erkennen kann, dann meint er, es müsse an ihm selber ja doch noch etwas Gutes sein. Er könne ja eigentlich nicht ganz so schlecht sein wie derjenige, dessen Fehler ihm noch auffallen. Und deshalb ist er ständig mit dem Versagen anderer Leute befaßt.

Projektion

Die Furcht vor der eigenen Schwäche zeigt sich auch manchmal darin, daß man ständig in anderen den eigenen vermeintlichen Fehler erblickt. So mag im geheimen seinen eigenen Stolz fürchten, wer sagt: ,,Sieh nur, wie stolz der ist!''

In einem meiner Psychologiekurse bat ich die Studenten, kurz aufzuschreiben, was sie an sich selbst nicht leiden mochten. Alle Studenten außer Pedro machten das.

Pedro aber schrieb: ,,Was mich am meisten bedrückt ist, daß ich nirgends einen wirklich geistlich geprägten Menschen finde. Der Pastor meiner Kirche ist nicht geistlich. In meiner ganzen Heimatgemeinde ist niemand geistlich. Ich hatte gedacht, die Dozenten hier am Seminar seien geistlich und auch die Studenten, die sich auf den Gemeindedienst vorbereiten. Wie enttäuscht war ich, als ich hier ankam und niemanden fand, der wirklich geistlich war – weder bei den Dozenten noch bei den Studenten. Es gibt nicht eine einzige geistlich gepägte Persönlichkeit in diesem ganzen Seminar."

Ich rief Pedro in mein Arbeitszimmer und fragte ihn, ob er sich selbst nicht sehr geistlich fühle. Er ließ seinen Kopf sinken und murmelte: „Ja."

Pedro stammte aus einer christlichen Familie. Schon als Kind nahm er Jesus als seinen Herrn an. Da sie sehr beengt wohnten, mußte er, als er acht Jahre alt war, mit einer seiner Kusinen, Alicia, zusammen in einem Bett schlafen. Er machte zwar nichts mit ihr, aber er stellte sich in Gedanken vor, wie er sie sexuell berührte. Seither glaubte Pedro, er sei schlecht. Er war überzeugt, daß kein geistlich geprägter Mensch solche Gedanken haben könne. Wir beteten zusammen und legten diese Gedanken auf Jesus, damit er sie ans Kreuz trug. Nicht lange darauf sah Pedro an allen um sich her, Dozenten wie Studenten und sogar an sich selbst mehr geistliches Leben. Seine Furcht, nie eine wirklich geistlich gereifte Persönlichkeit werden zu können, war überwunden.

Die Fehler, die wir bei uns selbst zu erkennen glauben, sehen wir auch leicht bei den Menschen um uns her. Wenn wir fürchten zu versagen, sagen wir im Grade von minus zwei, dann neigen wir dazu, in anderen entsprechendes Versagen von minus zwei zu sehen, um einen Ausgleich zu schaffen zwischen ihnen und uns.

Vergleichen

Wer sich unterlegen fühlt, muß seine vermeintliche Unzulänglichkeit irgendwie ausgleichen. Besonders deutlich zeigte sich das oft bei den Neuankömmlingen im Seminar in Kolumbien. Sie waren fern ihrer vertrauten Umgebung. Alles war für sie neu und fremd. All die Schutzwälle, die sie in ihrer heimatlichen Gemeinschaft um sich herum gebaut hatten, fehlten ihnen jetzt. Sie fühlten sich nackt und bloß und wußten nicht, wie sie sich verhalten sollten.

Ein Student, der recht klein war, begann sehr gewichtig einherzugehen, er stapfte beinahe daher. Seine Schritte hörten sich an wie die eines großen, starken Mannes. Er ärgerte unseren kleinen Hund und schlich sich hinter die Mädchen, um sie zu erschrecken und sie zum Schreien zu bringen.

Eines Tages fragte ich ihn: „Warum ärgerst du die kleinen Tiere und die Mädchen? Warum ärgerst du nicht den großen Wachhund oder die Jungen, die so groß sind wie du oder größer? Fühlst du dich als starker Mann, wenn die Mädchen kreischen?"

Dieser Student fühlte sich aus unterschiedlichen Gründen minderwertig. Er versuchte, seine kleine Gestalt vergessen zu machen, indem er die kleinen Tiere und die Mädchen ärgerte.

Wenn wir so oder ähnlich versuchen, unsere Minderwertigkeitsgefühle auszugleichen, dann messen wir uns nie mit Menschen, die uns ebenbürtig sind oder die uns stärker erscheinen. Bei ihnen könnten wir ja unterliegen und uns dann noch schlechter fühlen.

Selbstwertgefühl

Es wurde deutlich, daß auf sehr unterschiedliche Weise versucht wird, Minderwertigkeitskomplexe auszugleichen und Selbstwertgefühle zu entwickeln – sei es durch Perfektionismus oder durch dauerndes Vergleichen mit anderen, die vermeintlich noch schlechter sind als man selbst. Für ein gesundes Selbstwertgefühl gibt es allerdings nur diese Grundlage: Wir sind wertvoll, weil wir nach dem Bilde Gottes geschaffen sind. Darum besteht unser Wert nicht in dem, was wir getan haben oder was wir leisten.

Wie aber kann man frei werden von alten, falsch geprägten Gefühlen? Jesus sagt: „Die Wahrheit wird euch frei machen" (Johannes 8, 32).

Wenn wir vor uns und vor Jesus die Wahrheit eingestehen über das, was wir von uns selbst halten, dann will Jesus uns befreien zu einem neuen, gesunden Selbstwertgefühl. Er ist als Mensch auf die Erde gekommen, und er ist am Kreuz gestorben, um uns zu zeigen, wie wertvoll wir für ihn sind. Er will uns unsere Minderwertigkeitsgefühle abnehmen, und er möchte, daß wir uns selbst fortan wie mit seinen Augen sehen: Als Menschen, die er liebt und die für ihn so wertvoll sind, daß er für sie sein Leben hingegeben hat.

Deswegen kann man sich mit seinen Schwierigkeiten an Jesus wenden: „Herr, ich fühle mich vollkommen wertlos, ich fühle mich ständig unterlegen. Ich lege diese Gefühle auf dich. Bitte, trage sie für mich."

Kapitel 5:
Heilung der Persönlichkeit

,,Wer bist du? Hast du dich selbst akzeptiert? Magst du dich so, wie du bist, oder lehnst du dich ab?'' Um diese Fragen kreisen viele der Gespäche, die ich führe. Ein junges Mädchen sagte mir einmal: ,,Aber wie kann ich mich selbst mögen, mit diesen dünnen Beinen und den krummen Zehen!''

So wie sie hat jeder von uns irgend etwas an sich, das er nicht leiden kann. Bei mir waren es früher meine Sommersprossen. Ich fand sie schrecklich häßlich. Wie gern hätte ich statt meiner blassen, sommersprossigen Haut dunklere Haut gehabt! Und dann noch mein Haar, dies scheußliche, rötliche Haar! Ich weiß noch gut, wie lange ich brauchte, bis ich schließlich akzeptierte, daß Gott mich so gemacht hatte, wie ich war, und daß ich für ihn schön war.

,,Hast du dich selbst so angenommen, wie Gott dich gemacht hat? Oder haßt du dich selbst? Ist dir deine Nase zu lang, sind dir deine Beine zu dünn oder deine Zehen zu krumm? Aus welchem Grund lehnst du dich selber ab?'' Es ist wichtig, auch diese Fragen zu klären.

Fabio

Fabio war Sohn eines Arztes. Er hatte vier ältere Geschwister. Fast jeden Abend kam sein Vater betrunken nach Hause. Seine früheste Erinnerung war, wie seine Mutter ihn mitten in der Nacht weckte und ihn zusammen mit seinen Geschwistern unters Bett steckte, weil sein Vater nach Hause kam. Er erinnerte sich daran, wie seine Mutter schrie, weil der Vater sie mit seinem Gürtel schlug, und wie dann das Bett erbebte, wenn sein Vater auf die Matratze eindrosch, wo Fabio noch wenige Augenblicke vorher schlafend gelegen hatte.

Einige Jahre später änderte sich sein Vater und führte ein etwas ruhigeres Leben, so daß die Familie zu Hause Frieden hatte. Dennoch endeten die Ehen seiner Geschwister alle mit Streit und Trennung.

Wir lernten Fabio durch unsere Freundin Flor kennen, ein hübsches junges Mädchen, das bereits seit fünf Jahren fest mit ihm befreundet war. Wir ermutigten Fabio und Flor zu heiraten, weil in Kolumbien niemand geglaubt hätte, daß eine feste Freundschaft über fünf Jahre nicht auch sexuelle Beziehungen einschloß. Aber sie wollten nicht heiraten.

„Unsere Ehe wird doch nur zerbrechen, wenn wir heiraten", sagte Fabio. „Ich liebe Flor zu sehr, um ihr das zuzumuten. Unsere Freundschaft ist so wertvoll, daß ich sie nicht zerstören will. Ich kann sie nicht heiraten." Fabio hatte miterlebt, daß die Ehen bei allen seinen Verwandten in fortwährenden Streit ausgeartet waren, und er konnte sich nicht vorstellen, daß es bei ihm anders sein würde.

Wir beteten mit Fabio und brachten alle schweren Erinnerungen aus seinem Leben zu Jesus. Wir baten Jesus, in jenes Zimmer zu gehen, wo der Vater Fabios Mutter geschlagen hatte, und die ganze Sache mit ans Kreuz zu nehmen. Wir baten Jesus, Fabios Augen und Ohren zu heilen, die diese grauenvollen Dinge aufgenommen hatten. Bald machten Fabio und Flor dann Pläne für ihre Hochzeit.

Flor

Zwei Wochen vor der Hochzeit rief Flor mich weinend an. Sie wollte kommen, um mit mir zu sprechen.

„Ich habe gebetet und gefastet über mein Problem", sagte sie, als sie wenig später vor mir saß. „Und ich weiß nun nicht mehr, was ich machen soll. Ich bin so eifersüchtig. Wenn Fabio auch nur fünf Minuten zu spät nach Hause kommt, kann ich nur noch eins denken: ‚Was macht er bloß? Mit welchem Mädchen ist er ausgegangen? Mit wem spricht er?' Ich habe darüber gefastet. Ich habe darüber gebetet. Alles bleibt beim alten. Ich kann so doch nicht heiraten!"

Mich wunderte dieser Ausbruch, denn ich kannte Flor nun schon lange Zeit und hatte gedacht, sie sei wirklich reif zur Ehe. Ich konnte nur Gott bitten, mir den Schlüssel zu ihrem Problem zu zeigen.

Während Flor mir von sich erzählte, kam mir plötzlich ein Gedanke. „Flor", fragte ich, „könnte es sein, daß du als Kind in negativer Weise mit anderen verglichen worden bist?"

Flor ließ ihren Kopf sinken und fing wieder an zu weinen. Zustimmend nickte sie. Flor hatte zwei ältere Schwestern. Wenn die mit ihr über die Straße gingen, machten sie immer wieder herabsetzende Bemerkungen: „Sieh mal die Frau da. Siehst du ihre häßliche Nase? Genauso sieht deine Nase aus. Siehst du, wie abscheulich diese Frau geht? So gehst du auch. Ganz genauso!"

Als die Nachbarn nach ihrer Geburt gekommen waren, um Flor anzuschauen – so hatten ihr die Schwestern erzählt –, hatte man sie in einem anderen Zimmer versteckt, weil sie so häßlich war. Sie hatten sich geschämt, den Nachbarn ihre neue Schwester zu zeigen. „Du bist das häßlichste Wesen, das wir je gesehen haben!" sagten sie ihr immer wieder.

In Wirklichkeit war Flor eine hübsche junge Frau. Aber sie fühlte sich nicht so.

„Könnte es sein", fragte ich sie, „daß du immer denkst, du wärst so häßlich, daß niemand Interesse an dir haben kann und daß auch, wenn ein Mann dich wirklich zu lieben scheint, jedes andere Mädchen ihn dir abspenstig machen kann, wenn sie es nur will?"

Wieder nickte Flor, und von neuem rannen Tränen über ihr Gesicht. „Ja, das ist genau das, was ich fühle", schluchzte sie.

Ich bat Flor, sich alle die Gelegenheiten ins Gedächtnis zurückzurufen, wo ihr jemand gesagt hatte, daß sie häßlich und abstoßend sei. Gemeinsam baten wir nun Jesus, mit ihr zurück durch ihr Leben zu gehen.

„Erinnere dich an die Frau mit der häßlichen Nase", sagte ich ihr. „Nun sieh Jesus bei euch, zwischen deinen Schwestern und jener Frau. Sage Jesus alles, was deine Schwestern dir gesagt haben. Sieh, wie er die Worte aufnimmt und alles Verletzende herausnimmt, bevor sie dich erreichen. Nun sieh die Frau mit dem abstoßenden Gang und jenes häßliche Baby, das im Nebenraum versteckt ist. Leg das alles auf Jesus, damit er es ans Kreuz bringt."

Bei jeder der alten Begebenheiten, an die sie sich erinnerte, wurde Flor bewußt, wie Jesus sie durch seine Gegenwart schützte und ihr half. Ich legte meine Hände auf Flors Augen und auf ihre Ohren und bat Gott, sie zu heilen und auch Flors so tief verletzte Gefühle.

Zwei Wochen später heirateten Fabio und Flor. Im Jahr darauf lud Flor mich ein, in ihrer Gemeinde eine Vortragsreihe über „geistige Hygiene" im Christenleben zu halten. Ich bat Flor um Erlaubnis, dabei auch ihre Geschichte zu erzählen. Nach dem Treffen sagte Flor zu mir: „Stell dir vor, Fabio und ich hatten noch keine einzige Auseinandersetzung, seit wir vor einem Jahr geheiratet haben."

Flor und Fabio sind inzwischen Eltern von zwei hübschen Kindern. Wir wohnten einige Zeit ganz in ihrer Nähe. Sie führen eine der harmonischsten Ehen, die wir kennengelernt haben.

Vor zwei Jahren bat mich Flor noch einmal, vor einer Frauengruppe zu sprechen. Nach dem Vortrag sagte Flor mir, daß sie tatsächlich vollkommen vergessen hatte, wie sie sich früher gefühlt habe. Als sie hörte, wie ich ihre Geschichte erzählte, dachte sie: „Es stimmt, genauso habe ich mich gefühlt. Aber Gott hat mich so vollkommen geheilt, daß ich sogar den Schmerz vergessen habe." –

So wie Flor haben auch viele andere erlebt, daß sie in negativer Weise mit anderen verglichen worden sind. Vielleicht mußte jemand so etwas hören wie: „Johannes macht sich so gut, aber du bist gar nichts wert!" Oder: „Hast du gesehen, wie hübsch Christine ist? Aber du ..." Derartige Vergleiche haben oft tiefe Verletzungen zurückgelassen. Aber Jesus will heilen und neu machen, was zerbrochen ist.

Sich selbst vergeben

Emita suchte das Gespräch mit mir, weil sie sich wegen einer Abtreibung, die sie Jahre zuvor hatte durchführen lassen, noch immer bedrückt fühlte. Als ich sie fragte, ob Gott ihr vergeben habe, versicherte sie mir, das habe er getan.

„Bist du sicher, daß Gott dir vergeben hat?" fragte ich noch einmal. „Ja, er hat mir vergeben, denn ich habe ihm meine Sünde bekannt, und er hat versprochen, mir dann zu vergeben. Ich glaube, daß er mir vergeben hat."

„Hast du dir selbst auch vergeben?"

„Aber nein!" rief sie aus. „Ich habe mein eigenes Kind umgebracht. Wie könnte ich mir das vergeben?"

„Emita, bist du heiliger als Gott?" fragte ich sie weiter.

„Nein", antwortete sie überrascht.

„Aber du sagst doch in Wirklichkeit: ‚Gott, du vergibst mir. Das kann ich annehmen. Aber ich selber bin viel heiliger als du. Deshalb kann ich mir selbst nicht vergeben.' Stimmt es nicht, daß du so denkst, wenn du Gottes Vergebung annimmst, dich aber weigerst, dir selbst zu vergeben?"

Da begriff Emita, wie sie sich verhielt, und sie vergab nun auch sich selbst mit der Vergebung Jesu. –

Vielleicht hat mancher beim Lesen des Buches begonnen, sich über sein eigenes Leben Rechenschaft zu geben. Dann möchte ich jetzt dazu ermutigen, alles aufzuschreiben, was schmerzhaft ins Bewußtsein gekommen ist: Seelische Verletzungen, die durch den Vater, die Mutter, die Geschwister, Großeltern, Tanten, Onkel, Nachbarn, Mitschüler und andere verursacht worden sind, aber auch das, was man sich selbst getan und sich nicht vergeben hat.

Und weiter möchte ich dem Leser sagen: Schreibe auch alles dazu, was du an dir selbst nicht magst, an deinem Körper und deinem Charakter. Schreib die Wahrheit, denn die Wahrheit wird dich frei machen. Nicht das, wovon du meinst, daß du es aufschreiben solltest, ist gefragt, auch nicht, wie du als Christ denken und fühlen solltest. Es geht nur um das, was wirklich in deinem Herzen ist.

Selbstannahme

Zu meiner Familie gehörten schon drei Mädchen und ein Junge, als mein Zwillingsbruder und ich geboren wurden. Mein viereinhalbjähriger Bruder hatte sich natürlich einen Jungen gewünscht. Aber bei der Entbindung gab es Schwierigkeiten, und da ich zuerst geboren worden war, kam ich noch gesund zur Welt, aber mein Bruder starb.

Meine ältere Schwester erzählte mir später, daß meine Geschwister uns zwei Babys am Tag nach unserer Geburt, bevor mein Zwillingsbruder beerdigt werden sollte, nebeneinandergelegt hatten. Als mein viereinhalbjähriger Bruder uns sah, versuchte er dem kleinen Jungen die Augen aufzumachen und schrie: „Nein, nein! Laß das Mädchen sterben! Ich will nicht noch ein Mädchen! Ich will, daß mein Bruder lebt!"

Als ich älter wurde, entwickelte ich mich zu einem sehr frühreifen Kind. In jeder Gruppe war ich vorneweg, die erste, die den Finger hob, wenn eine Frage gestellt wurde, immer nach vorne drängend. Meine Mutter ermahnte mich oft in unserem Pennsylvania-Deutsch: „Sie net so vorwitzig!" Aber ich vergaß mich immer wieder und drängelte mich wieder nach vorn. Irgendwie flossen dieses Vorwärtsdrängen und die Tatsache, daß ich vor meinem Zwillingsbruder geboren worden war, in meiner kindlichen Vorstellung zusammen. Schließlich meinte ich, daß ich mich auch vorgedrängelt hatte, als wir geboren werden sollten, und daß ich so den Tod meines Bruders verursacht hatte. Ich hatte ihn umgebracht. Wenn ich nicht so „vorwitzig" gewesen wäre, dann wäre er am Leben geblieben, und ich wäre gestorben, und mein älterer Bruder hätte den Jungen gehabt, den er sich so sehnlich gewünscht hatte. Ich war an der ganzen Sache schuld.

Mein Bruder war ein „Handwerker". Weil er keinen Bruder hatte, dem er alles beibringen konnte, brachte er es mir bei. Über viele Jahre versuchte ich, ein Junge zu sein. Doch trotz aller Bemühungen konnte ich nicht den Platz meines Bruders ausfüllen, den ich nach meiner Vorstellung umgebracht hatte.

Als ich dreieinhalb Jahre alt war, faßte ich den Entschluß, mit Jesus leben zu wollen. Trotzdem fühlte ich mich ständig schuldig. Was ich Falsches getan hatte, das hatte ich bereut und dafür Vergebung empfangen. Aber das änderte nichts an meinem Schuldgefühl.

Später, als ich heranwuchs, entwickelte ich starke Minderwertigkeitskomplexe. Ich konnte mich mit keinem Jungen anfreunden. Immer, wenn einer versuchte, mit mir in näheren Kontakt zu kommen, sagte ich irgend etwas Gemeines, damit er den Kontakt abbrach. Eigentlich wollte ich das gar nicht, aber es passierte einfach.

Ich verstand nicht, was mit mir los war. Erst während meines Psychologiestudiums wurde mir klar, daß ich immer geglaubt hatte, meinen Bruder umgebracht zu haben. Im Unterbewußtsein hatte ich mich an seinem Tod schuldig gefühlt. Daraus entstand die Angst, daß ich jeden Mann umbringen würde, der mir nähertrat. Und dann passierte es auch noch, daß der erste Junge, mit dem ich mich je getroffen hatte, bei einem Unfall ums Leben kam. Ich war eine gefährliche Person!

Dreiundzwanzig Jahre war ich alt, als ich diese verdrehten Schuldgefühle endlich zum Herrn bringen konnte und befreit wurde.

Nun wurde mir auch bewußt, daß Gott für mich als Frau einen Plan in dieser Welt hatte, einen Plan, den kein Mann jemals ausfüllen könnte. Weder mein Zwillingsbruder noch ich – wäre ich ein Mann – hätte ihn ausfüllen können. Gott wollte mich haben, und er wollte mich als Frau. Deshalb hatte er mich so geschaffen, wie ich war, und mir das Leben erhalten. Mit meinem Zwillingsbruder hatte er etwas anderes vorgehabt. –

Nicht wenige Eltern haben sich einen Jungen gewünscht, aber es wurde ein Mädchen geboren. So manche Frau wünscht sich im stillen noch immer, ein Mann zu sein. Und umgekehrt meint mancher Mann, daß es für ihn besser sei, wenn er eine Frau wäre. Für das eigene Selbstwertgefühl ist es wichtig, eine klare Antwort auf die folgenden Fragen zu haben: Habe ich mich selbst angenommen, so wie ich bin, wie Gott mich gemacht hat? Habe ich mein Geschlecht angenommen? Oder lehne ich ab, was Gott gemacht hat?

Wieder möchte ich den Leser bitten, die Antworten auf folgende Fragen aufzuschreiben: Was hat man dir gesagt, daß du dich so fühlst? Was hat man dir über Frauen erzählt, daß du denkst, es wäre für dich besser, ein Mann zu sein? Was hat man dir über Männer gesagt, daß du meinst, du solltest lieber eine Frau sein? Wie bist du behandelt worden, daß du dich so fühlst? Wenn du dich daran erinnern kannst, dann schreib genau die Worte auf, die damals gesprochen wurden. –

Wir können nicht in unsere Vergangenheit zurückgehen und die Dinge ändern, die geschehen sind. Ich konnte nicht zurückgehen und sterben und meinen Bruder zum Leben erwecken. Niemand kann zurückgehen und die Worte auslöschen, die einmal gesagt worden sind. Aber Jesus kann in die Vergangenheit zurückwirken. Er ging nicht zurück, um mich sterben zu lassen und meinen Zwillingsbruder aufzuerwecken. Aber er nahm die Worte, die ich gehört hatte, auf sich. Er nahm meine Schuldgefühle auf sich. Heute freue ich mich daran, daß ich eine Frau bin. Ich bin glücklich verheiratet und Mutter von zwei Teenagern.

Der Lebensbeginn

Vielleicht meint jemand, daß sein ganzes Leben nur Folge einer Sünde ist. So jedenfalls dachte José, ein junger Mann, der sich im Bibelseminar auf den Gemeindedienst vorbereitete. Seine Mutter war unverheiratet gewesen und erst achtzehn Jahre alt, als er geboren wurde. Zwei Wochen später hatte sie ihn bei seinen Großeltern gelassen und war nach Bogotá verschwunden.

Für seine Großeltern war José nichts als ein weiterer Mund gewesen, den sie füttern mußten. Er aß zuviel und brauchte zuviel Kleidung.

José fühlte, daß er kein Recht hatte zu leben, weil sein Ursprung auf Sünde zurückzuführen war. Er meinte, daß auch Gott ihn nicht gewollt hatte. Nun war José erwachsen und studierte bei uns am Bibelseminar. Wenn er in der Öffentlichkeit sprechen mußte, kleidete er sich stets sehr korrekt, mit Weste und Krawatte. Er hatte nur sehr wenig Geld, aber er konnte nicht predigen, ohne so elegant wie möglich angezogen zu sein, obwohl das seine finanziellen Möglichkeiten eigentlich weit überstieg. Doch nur so fühlte er sich wertvoll genug, um vor den Leuten zu stehen. Mit diesem Auftreten glich er seine Minderwertigkeitsgefühle aus.

Als ich im Unterricht darüber gesprochen hatte, wie Gott seelische Verletzungen heilt, kam José zu mir, um mit mir über seine Vergangenheit zu sprechen. Während wir beteten, fühlte ich mich so geleitet, besonders wegen jenes Augenblicks zu beten, in dem er gezeugt worden war.

Ja, sein Leben hatte bei einem sündigen Akt begonnen, wir

konnten das nicht leugnen. Aber Gott hatte gewollt, daß sein Leben anfing und hatte ihn davor bewahrt, es durch eine Abtreibung oder bei seiner Geburt zu verlieren. Gott hatte während Josés ganzer Kindheit über ihm gewacht und sein Leben bis zu diesem Tag erhalten, weil er einen Plan für ihn hatte, den nur José ausfüllen konnte. Natürlich hatte Gott die Sünde nicht gewollt, aber José hatte er gewollt. Ich bat Jesus besonders darum, den sündigen Akt von Josés Eltern auf sich zu nehmen.

Als wir unsere Gebetszeit beendet hatten, rief José aus: „Zum ersten Mal in meinem Leben spüre ich, daß ich ein Recht habe, zu existieren. Gott hätte mich durch eine Fehlgeburt sterben lassen oder mich gar nicht erst entstehen lassen können, wenn er mich nicht gewollt hätte. Ich lebe, weil Gott einen Plan für mich hat!"

Gott hat für jeden einen Plan – auch für den, der bisher vielleicht meinte, er habe kein Recht zu leben. Auch jetzt wieder die Bitte an die Leser: Laß dir diese Wahrheit bewußt werden und schreibe auf, was du fühlst.

Heilung des sexuellen Lebens

Viele Menschen brauchen Heilung ihrer Sexualität. Wie viele Frauen sind in ihrer Kindheit belästigt oder sogar vergewaltigt worden und fühlen sich seither völlig wertlos. Wie viele Männer sind als Kinder Opfer von homosexuellen Praktiken oder anderen unguten Beziehungen geworden! Ihre gesamte Vorstellung von sexuellen Beziehungen ist dadurch beeinträchtigt. Viele sehen Frauen nur als Objekte an, die man sich unterwerfen und gebrauchen muß. Jesus kam, um all diese Verletzungen und verkehrten gefühlsmäßigen Prägungen zu tragen und ans Kreuz zu bringen.

Maria

Marias Geschichte zeigt, was Gott im Leben eines zutiefst verletzten Menschen tun kann. Wenn Gott Maria heilen konnte, dann gibt es keinen hoffnungslosen Fall mehr.

Maria war Studentin. Sie hatte sechs Monate, bevor ich sie kennenlernte, Jesus als ihren Herrn angenommen, aber sie hatte keinen inneren Frieden. Schließlich fragte mich eine ihrer Freundinnen, ob ich nicht mir ihr sprechen könne.

Als ich Maria bei mir begrüßte, war ihr Gesicht auffallend blaß, es spiegelte so viel innere Zerrissenheit und Schmerz, daß ich mich fragte, was ihr wohl zugestoßen sein mochte.

Maria war voller Haß gegen ihren Vater. Von ihrem dritten Lebensjahr an hatte er sie regelmäßig vergewaltigt. Wenn ihre Mutter sie morgens mit einer Tasse Kaffee ans Bett des Vaters schickte, machte er die Schlafzimmertür zu und mißbrauchte sie.

Als sie elf Jahre alt wurde, ließ ihr Vater sie in Ruhe, aber dann fingen ihr Großvater, ein Onkel und zwei Brüder an, sie zu belästigen. Um sich an ihrem Vater zu rächen, fing sie mehrere Verhältnisse mit Jungen an. Als sie ihren dritten Freund hatte, wurde sie schwanger und ließ eine Abtreibung vornehmen. Und nun hatte sie ihren vierten Freund.

Maria war böse auf jeden. Ihren Vater hätte sie am liebsten umgebracht. Auch auf ihre Mutter war sie wütend, denn Maria hatte versucht ihr zu sagen, was der Vater ihr antat. Aber die Mutter hatte ihr bloß gesagt, sie lüge und sie habe eine schmutzige Fantasie. Maria hatte Selbstmordgedanken. Sie war böse auf die ganze Welt.

Über eine halbe Stunde saß Maria in meinem Zimmer und packte all den Schrecken aus, den sie durchlebt hatte. Sie tobte vor Zorn.

Was sollte ich ihr sagen? Ich konnte ihr nur bestätigen, daß sie völlig recht hatte mit dem, was sie fühlte. Sie hatte recht, daß sie ihren Vater haßte und ihren Großvater, ihre Brüder und ihren Onkel, die sie belästigt hatten, und die Nachbarn, die mitbekommen hatten, daß mit ihr etwas nicht stimmte und dann schlecht über sie geredet hatten. Ihr Vater hatte sie gar als Prostituierte beschimpft, als leichtes Mädchen und ihr verboten, aus dem Haus zu gehen.

Ich konnte nur sagen: „Du hast recht. Wenn du deinen Vater umbringen und Selbstmord begehen willst, dann hast du vollkommen recht. Laß all den Zorn und Haß heraus, den du fühlst."

Ihr dabei zu helfen, ihre ganze Erbitterung auszudrücken, war zunächst alles, was ich für sie tun konnte. Es schien mir, als ob das ganze Zimmer mit Haß und Zorn erfüllt sei.

Als sich das Mädchen schließlich etwas beruhigt hatte, sagte ich zu ihr: „Maria, du hast doch dein ganzes Leben Jesus gegeben, nicht wahr?"

„Ja."

„Ich möchte jetzt Gott darum bitten, dir deine geistlichen Augen zu öffnen, damit du sehen kannst, daß Jesus hier bei uns ist. Versuche, ihn mit deinen inneren Augen wahrzunehmen."

„Ja, er ist hier. Ich kann ihn mit meinen inneren Augen erkennen", antwortete Maria.

„Nun laß uns folgendes machen", fuhr ich fort. „Laß uns einen großen Sack nehmen und alles hineinwerfen, eines nach dem anderen, was dein Vater dir angetan hat, bis hin zu der letzten Sache, von der du mir erzählt hast. – Ist jetzt alles in dem Sack?"

„Ja."

Ich betete: „Jesus, in deinem Namen verschließen wir diesen Sack. Bedecke ihn mit deinem Blut. Versiegle ihn mit dem Abdruck deiner von Nägeln durchbohrten Hände, damit niemand ihn wieder öffnen kann."

„Maria, kannst du den Sack sehen?"

„Ja, ich sehe ihn."

„Dann wollen wir beide zusammen diesen Sack nehmen und ihn auf Jesu Schultern heben. Kannst du Jesus mit diesem Sack auf seinen Schultern erkennen?"

„Ja, er ist da."

„Dann schau zu, wie er ihn ans Kreuz trägt. Jesus ist da am Kreuz, beladen mit deinem Sack. Was dein Vater getan hat, hat Jesus das Leben gekostet, das hat ihn ans Kreuz gebracht. Maria, quäle dich nicht ab mit dem Versuch, deinem Vater zu vergeben. Du kannst es doch nicht. Sag deinem Vater die Wahrheit: ‚Vater, ich kann dir niemals vergeben, was du mir getan hast'."

„Vater, ich kann dir niemals vergeben, was du mir angetan hast."

„Nun sieh Jesus in die Augen. Sieh, wie seine Vergebung auf dich hinüberfließt. Öffne dich für diese Vergebung. Laß Jesus dein Herz anfüllen. Merkst du, wie er das tut?"

„Ja, ich spüre, wie er seine Vergebung in mich hineinfließen läßt", antwortete Maria.

,,Nun nimm diese Vergebung und gib sie an deinen Vater weiter. Sag die Wahrheit. Sag zu deinem Vater: ,Vater, ich kann dir nicht vergeben, was du mir angetan hast. Ich kann dich nur hassen. Aber Jesus hat das alles ans Kreuz getragen: Daß du mich verletzt und gedemütigt hast und auch meinen Haß. Nun nehme ich die Vergebung, die Jesus in mich hineinfließen läßt, und gebe sie an dich weiter. Vater, mit der Vergebung Jesu vergebe ich dir'.''

So vergab Maria ihrem Vater.

Gleich in jener Woche mußte Maria nach Hause zurückfahren. Sie wußte, daß sie dort wieder ihrem Vater begegnen würde. Davor hatte sie große Angst. Sie wußte nicht, was sie fühlen oder wie sie reagieren würde, wenn sie ihn sah.

,,Müh dich nicht ab, deinen Vater zu lieben'', sagte ich ihr. ,,Dein Vater hat dich nie geliebt. Du hast keine Liebe, die du ihm entgegenbringen kannst. Sag nur die Wahrheit. Sag zu deinem Vater, so wie du ihn jetzt vor dir siehst: ,Vater, ich kann dich nicht lieben, aber ich öffne mich Jesus gegenüber, damit er mir seine Gefühle geben kann'.'' Maria tat das, aber sie hatte immer noch Angst.

,,Sieh, Maria'', sagte ich ihr schließlich. ,,Du hast deinen Vater und all deine Gefühle gegen ihn Jesus gegeben. Es ist nun Jesu Sache, was du deinem Vater gegenüber fühlst. Er will seine Gefühle in dich hineinlegen. Du brauchst nicht deine eigenen Gefühle zu bekneten, damit sie so etwas wie Liebe zu deinem Vater hervorbringen. Wenn Jesus dir nichts gibt, das du deinem Vater gegenüber fühlen kannst, dann fühlst du eben nichts. Wenn er dir gleichgültige Gefühle gibt, dann fühlst du dich gleichgültig. Öffne dich nur zu Jesus hin, laß ihn durch dich hindurch fühlen. Was du fühlst, ist dann nicht mehr dein Problem. Geh ganz ruhig nach Hause in dem Bewußtsein, daß dann, wenn du es brauchst, Jesus seine Gefühle in dich hineinlegen wird.''

Aber Maria hatte noch immer Angst vor der Begegnung mit ihrem Vater. Zwei Wochen später war sie zurück. Als sie zur Tür hereinkam, erkannte ich sie fast nicht wieder. Ihr Gesicht hatte sich so verändert, daß ich einige Augenblicke brauchte, um sie zu erkennen.

,,Ich kann nicht sagen, daß ich meinen Vater liebe'', erzählte sie.

„Aber zum ersten Mal in meinem Leben habe ich ihn als Menschen ansehen können und nicht als ein Tier."

Nun mußten wir über die seelischen Verletzungen sprechen, die durch ihre Mutter verursacht worden waren. Maria warf alles, was ihre Mutter ihr angetan hatte, in den „Sack" Jesu, genauso, wie sie es im Blick auf ihren Vater getan hatte. Später machten wir dasselbe in bezug auf ihren Großvater, ihre Brüder, die Nachbarn, Schulkameraden und Freunde. Bei jedem Mal „sahen" wir, wie Jesus den Sack mit all den verletzenden Handlungen und Worten ans Kreuz brachte.

Wenn Maria nicht vergeben konnte, sagte sie die Wahrheit: „Ich kann nicht vergeben. In mir ist keine Vergebung, mit der ich vergeben könnte, was du mir getan hast. Aber ich öffne mich Jesus gegenüber, um seine Vergebung zu empfangen, und diese Vergebung gebe ich an dich weiter." So gingen wir den Weg durch ihr ganzes Leben, und Maria vergab einem jeden mit der Vergebung Jesu.

Ich hatte Maria nicht nahegelegt, mit ihrem Vater über ihre Vergangenheit zu sprechen. Sie kam von alleine darauf. Ein halbes Jahr war vergangen. Da kam sie eines Tages zu mir und sagte: „Weißt du was? Vorige Woche habe ich mit meinem Vater gesprochen. Ich hatte ihn immer wie ein Tier behandelt, und ich bat ihn um Verzeihung dafür. Mein Vater sah mich an und sagte: ‚Maria, vergib mir, was ich dir getan habe'."

„Und dann sagte er weiter: ‚Maria, du bist so anders geworden. Was ist mit dir geschehen?' – ‚Jesus ist in mein Leben gekommen und hat mich verändert', antwortete ich ihm. ‚Wie kann Jesus auch in mein Leben kommen und mich verändern?' fragte er da."

Maria war sich nicht sicher gewesen, was sie sagen sollte, und kam, um mich danach zu fragen. Sie kehrte nach Hause zurück, um ihrem Vater zu sagen, wie er ein Christ werden könne, aber er hatte die Familie einen Tag vor ihrer Rückkehr verlassen. Wir beten noch immer darum, daß er eines Tages Jesus als seinen Erlöser annimmt.

Ein Jahr nach Marias erstem Besuch bei mir machten wir uns bereit für einen einjährigen Heimataufenthalt. Fast alle unsere Sachen waren schon gepackt, als Maria uns besuchte. Wir saßen nebeneinander auf dem Sofa – das war der einzige Platz im Haus, wo man noch sitzen konnte.

„Ich bin nur gekommen, um euch zu sagen, daß ich hundertprozentig verändert bin", sagte sie mir. „Die Frau, die du jetzt siehst, ist nicht mehr diesselbe wie die, die du vor einem Jahr kennengelernt hast."

Sie lud uns zu ihrer Taufe ein. Zusammen mit ihrer Schwägerin und zwei Neffen, die sie alle zu Jesus geführt hatte, sollte sie getauft werden.

Als wir dann Maria vor ihrer Taufe vor der Kirche stehen sahen, strahlend und glücklich, erinnerte ich mich noch einmal an das Mädchen, das ein Jahr zuvor in mein Zimmer gekommen war mit blassem, verkrampftem, von Zorn und Haß gezeichnetem Gesicht. Ich dachte bei mir: „Das ist das größte Wunder, das ich je gesehen habe. Wenn Gott dieses Mädchen heilen konnte, dann kann er jeden heilen."

Das unerwünschte Kind

Manche Menschen wissen, daß sie ein unerwünschtes Kind waren. Vielleicht hatten ihre Eltern schon Kinder und wollten nun nicht noch ein Kind haben. Möglicherweise war auch ein weiteres Kind einfach nicht geplant, einerlei, wie groß oder klein die Familie war, und deshalb haben sie diesem Kind dann nicht die Liebe gegeben, die es gebraucht hätte.

Karin

Karin kam zu uns, um über ihr Leben zu sprechen. Ihre Eltern hatten zwei Kinder geplant. Sie hatten schon einen Sohn und eine Tochter und wollten nicht noch ein Kind. Doch dann kam Karin als drittes Kind. Später wurde dann noch ein weiterer Sohn geboren.

Karin war kurz nach Beginn des zweiten Weltkrieges in Deutschland zur Welt gekommen. Ihr Vater war im Krieg, und ihre Mutter mußte mehrere Male mit den vier Kindern vor den heranrückenden Truppen fliehen. Auf einer solchen Flucht wurden Karins ältere Schwester und ihr kleiner Bruder schwer krank.

Es war kurz vor Kriegsende, und die Versorgung im Land war sehr schlecht. Als ihre Mutter die beiden Kinder zum Arzt brachte, sagte der ihr, daß die Krankheit lebensbedrohlich sei, aber daß er nur für ein Kind noch genügend Medikamente habe. Wenn man sie auf beide Kinder aufteilte, würden beide sterben. ,,Sie müssen sich entscheiden, welches Kind Sie behalten wollen'', sagte ihr der Arzt.

Die Mutter entschloß sich, die Medikamente ihrem ältesten Kind, Karins Schwester, zu geben. Der kleine Bruder starb, und ihre Mutter hat sich seinen Tod offenbar niemals verzeihen können. Deshalb mußten nun die beiden Schwestern für den verbliebenen Bruder alles hingeben. Sie mußten später sogar ihre eigene Ausbildung abbrechen und Geld verdienen, damit der Bruder studieren konnte. Vielleicht wollte die Mutter ihre Schuld, die sie empfand, weil sie ihren jüngsten Sohn hatte sterben lassen, wieder gutmachen, indem sie den verbliebenen Sohn mit allem, was sie hatte, überschüttete. Jedenfalls war nichts mehr wichtig, was die Mädchen betraf, und schon gar nicht, was Karin anging.

,,Alles machst du falsch!'' wurde ihr immer und immer wieder gesagt. ,,Zu nichts taugst du etwas. Was du nur anfaßt, machst du kaputt!''

Schon als kleines Kind hatte Karin die Aufgabe, die Kartoffeln zu schälen. Wenn die Schalen zu dick wurden, mußte sie zur Strafe die Schalen kochen und dann essen. Ständig wurde sie wegen ihrer ungeschickten Hände ausgeschimpft.

Als Karin acht Jahre alt war, lief sie von zu Hause weg. Sie dachte, man würde sie vermissen, und dann würde jemand kommen und nach ihr suchen und sie so spüren lassen, daß sie doch geliebt würde. Aber es kam niemand. Schließlich mußte sie wieder nach Hause zurückgehen, weil sie nicht wußte, wo sie sonst bleiben konnte. Dort schien überhaupt keiner bemerkt zu haben, daß sie so lange Zeit weggewesen war.

In einem Jahr lag die Mutter gerade zu Karins Geburtstag im Krankenhaus. Irgendwie hoffte Karin: ,,Heute ist mein Geburtstag. Meine Mutter, die mich nicht mag, liegt im Krankenhaus.

Mein Vater hat bestimmt schöne Geschenke für mich bereit." Aber der Vater hatte ihren Geburtstag vergessen. Und – was für Karin das Schlimmste war – er zeigte darüber keinerlei Bedauern.

Immer wieder versuchte Karin ihrem Vater zu sagen, was sie fühlte. Aber er achtete nicht darauf, denn er war viel zu beschäftigt. Er war Lehrer und brauchte all seine Zeit für seine Schulkinder. Für seine Tochter hatte er keine Zeit übrig.

Als Karin mir von ihrem Vater erzählte, sagte ich ihr: „Sprich zu dem Erinnerungsbild von deinem Vater. Sag ihm: ‚Vater, es hat mich verletzt, daß du keine Zeit für mich hattest'."

Aber Karins Schmerz war so tief, daß sie diese Worte nicht aussprechen konnte. „Ich habe so oft versucht, mit meinem Vater zu sprechen", stöhnte sie, „und er hat nie zugehört. Warum sollte ich es nochmal versuchen?"

„Dann sag es Jesus. Er wird dir zuhören", sagte ich ihr schließlich.

„Nun gut. Vielleicht hört er mir ja zu."

„Sag Jesus alles, was sie dir angetan haben. Gib ihm das alles. Du bist viele Male entsetzlich verletzt worden. Gib Jesus all dieses Entsetzen."

Stockend begann Karin zu sprechen: „Jesus, sie haben mich geschlagen. Sie haben mir gesagt, daß ich nichts wert bin. Nun werde ich dir sagen, daß du nichts wert bist. Und werde dich schlagen, wie sie mich geschlagen haben. Genauso, wie sie mich geschlagen haben, schlage ich dich."

Karin fing an, auf den Fußboden zu schlagen. „Jesus, sie haben mich gehaßt, und jetzt hasse ich dich auch. Sie haben mir gesagt, daß ich nichts wert bin. Ich will auch gar nichts mehr wert sein. Ich laufe dir weg, ich renne vor dir weg. Mich kriegt keiner mehr! Ich will nur weit weg sein von dir."

Karin weinte und schrie über eine halbe Stunde. Dann wurde sie plötzlich still. „Jesus", sagte sie, „ich habe dir alles das angetan, was sie mit mir gemacht haben, und du bist nicht weggegangen. Kann ich nichts tun, was so schlimm ist, daß du weggehst?"

Plötzlich fing sie wieder an zu weinen. „Jesus, zum ersten Mal spüre ich, daß du mich liebst. Du hast dir alles gefallen lassen, was ich dir getan habe, und doch stehst du vor mir mit Augen voller

Liebe. O Jesus, zum ersten Mal in meinem Leben fühle ich, daß du mich liebst."

Von diesem Tag an begann die Veränderung in Karins Leben.

Es mag sein, daß mancher, der dies liest, selbst ein unerwünschtes Kind war. Da möchte ich fragen: Ist das der Grund, weshalb du dich so wertlos und überflüssig fühlst? Sage die Wahrheit. Denn Jesus hat versprochen, daß die Wahrheit dich frei machen wird.

Wer sich einredet, bei ihm sei alles in Ordnung, obwohl das nicht stimmt, bei dem kann nichts neu werden. Vielleicht fühlst du, daß deine Mutter dich nicht wirklich geliebt hat. Vielleicht konnte sie ihre Liebe nicht so zeigen, daß du sie aufnehmen konntest. Das einzugestehen heißt nicht, die eigene Mutter zu beschuldigen. Es bedeutet lediglich, sich seine wahren Gefühle einzugestehen.

Dabei kann es eine Hilfe sein, auf einem Blatt Papier alles niederzuschreiben, was seelische Verletzungen verursacht hat. Wie war dein Vater? Wie hat deine Mutter dich behandelt? Was haben sie zu dir gesagt? Wichtig ist nicht, wie deine Eltern ihre Worte gemeint haben, sondern was du selbst dabei gefühlt hast. Wie hast du dich gefühlt, als sie dir sagten, daß du dumm bist, daß du nichts taugst? Wie hast du dich gefühlt, wenn du mit anderen verglichen wurdest, vielleicht mit deinem Bruder, während du doch ganz tief drinnen wußtest, daß er nicht besser war als du? Wie hast du dich gefühlt, als du ungerecht bestraft wurdest und dich nicht wehren durftest? Hast du dich durch deine Geschwister verletzt gefühlt, durch Verwandte, durch Nachbarn oder Schulkameraden? Sei ehrlich vor Gott und vor dir selbst, wenn du das alles aufschreibst. Du mußt die Wahrheit aufschreiben, weil es die Wahrheit ist, die dich frei machen wird.

Kapitel 6: Angst vor der Wahrheit

Die Wahrheit wird uns frei machen, hat Jesus versprochen. Aber viele Menschen wagen nicht, sich die Wahrheit über ihre Gefühle einzugestehen und darüber zu sprechen. Dafür gibt es verschiedene Gründe.

Angst, andere zu beschuldigen

Vielleicht spricht jemand deshalb nicht über seine Gefühle und seine seelischen Verletzungen, weil er Angst hat, er könne dadurch seine Eltern beschuldigen. Aber die Wahrheit zu sagen bedeutet nicht, seine Eltern zu beschuldigen. Zudem sind auch sie von ihren eigenen Eltern innerlich verletzt worden und die wiederum von ihren Eltern und so weiter.

Es geht also nicht darum, irgendwelche Schuld zu verteilen, wenn man die Wahrheit über seine Gefühle ausspricht. Wem hätte zum Beispiel angelastet werden sollen, daß ich wegen meines Zwillingsbruders Schuldgefühle entwickelte? Meinen Eltern? Es war nicht ihr Fehler, daß mein Bruder bei der Geburt starb. Meinen Geschwistern? Sie wußten nicht, was sie taten. Meine Schwester erzählte mir mit aufrichtiger Liebe von meiner Geburt. Sie konnte überhaupt nicht ermessen, was in mir angerichtet wurde. War ich selbst schuldig? Natürlich nicht.

Es geht nur darum, die Wahrheit zu sagen, wie man selbst sie erlebt und wahrgenommen hat, und nicht, wie die anderen Beteiligten alles gesehen und aufgefaßt haben.

Angenommen, ich sitze in meinem Arbeitszimmer und beschreibe, was ich vor mir habe: „Ich sehe ein großes Fenster mit weißen Gardinen und braunen Vorhängen. Davor steht ein braunes Sofa."

Wer im selben Zimmer mir gegenübersitzt, sagt vielleicht: „Ich sehe aber eine mit Holz verkleidete Wand und einen grünen Stuhl."

Ich könnte erwidern: ,,Wie kannst du dieses braune Sofa einen grünen Stuhl nennen? Und diese Vorhänge sind doch wohl keine Holzpaneele!"

Der andere wird vielleicht entgegnen: ,,Kannst du nicht richtig sehen? Dieser Stuhl ist nicht so groß, daß man ihn ein Sofa nennen könnte. Und die Paneele gehen auch nicht über ein Fenster."

Ich könnte nun denken, daß mit meinem Gegenüber irgend etwas nicht ganz stimmt. Und wir könnten den ganzen Tag damit verbringen, uns gegenseitig als Lügner zu bezeichnen oder zu versuchen, die Begriffe ,,Stuhl" und ,,Sofa" zu erklären. Aber wenn einer von uns beiden seine Ansicht änderte, würde er nicht mehr die Wahrheit sagen, weil wir beide von unserem Gesichtspunkt aus die Wahrheit gesagt hatten.

Wenn du die Wahrheit über deine seelischen Verletzungen aussprichst, dann erzählst du, was du von deinem Gesichtspunkt aus gefühlt und wahrgenommen hast und nicht, was deine Eltern gefühlt und wahrgenommen haben. Wenn ich mit deinen Eltern spreche, wird mir deine Mutter eine weitere Wahrheit sagen und dein Vater noch eine andere. Beide werden sich von deiner Wahrheit unterscheiden, weil die Geschichte jedesmal von einem anderen Gesichtspunkt aus erzählt wird. Wir werden dann drei verschiedene Geschichten haben. Aber jeder hat die Wahrheit gesagt.

Deshalb mußt du *deine* Wahrheit sagen, denn es ist *deine* Wahrheit, die *dich* frei machen wird. Die Wahrheit deines Vaters und deiner Mutter kann nur sie selbst frei machen.

Wer nicht wagt, sich die Wahrheit einzugestehen, kann nicht geheilt werden und wird dann das eigene Unheil wiederum an seine Kinder weitergeben. Wir können nicht anders handeln, als wir sind. Wir werden unsere Kinder so behandeln, wie wir behandelt worden sind, obwohl wir das nicht wollen. Wenn man nicht selbst geheilt wird, kann dieser Teufelskreis nicht durchbrochen werden.

Angst vor dem Unbekannten

Auch Angst vor dem Unbekannten kann einen hindern, sich der Wahrheit zu stellen. So mag jemand denken: ,,Wenn ich erst einmal anfange, die Wahrheit über meine Gefühle auszusprechen, was wird dann am Ende noch alles in mir aufbrechen?"

Als Karin geheilt worden war, erzählte sie, wie sie lange Zeit vorher einmal einem Psychologen etwas aus ihrem Leben erzählt hatte. „Es war, als ob ich ein kleines Fenster in mein Leben hinein geöffnet hätte. Da sah ich so dunkle, schreckliche Dinge, daß ich das Fenster schnell wieder zugeschlagen habe. Ich habe ihm nichts mehr erzählt. – Ich hatte immer die Vorstellung, als lebte ich in einem großen Haus, bei dem alle Fenster und Türen verschlossen waren. Es war schrecklich dunkel darin. Aber nun sehe ich ein neues Haus vor mir mit hellen Fenstern und offenen Türen. Die Sonne scheint hinein, und der Wind bauscht die Vorhänge. Unsere Kinder spielen darin. Und das Beste von allem: Jesus ist da."

Wenn wir anfangen, die Wahrheit auszusprechen, wissen wir natürlich nicht, was wir alles an Verborgenem finden werden. Die Wahrheit auszusprechen tut weh. Jene Ereignisse haben geschmerzt, als wir sie erlebten, und es schmerzt auch, wenn wir nun alles noch einmal durchleben. Aber dieses Mal werden wir dabei frei.

Es genügt allerdings nicht, nur zu erzählen, was geschehen ist. Man muß die Dinge noch einmal innerlich durchleben, noch einmal den Schmerz von damals fühlen. Es kann sein, daß man bitterlich weint über das, was geschehen ist. Und doch ändert sich nichts, solange man nicht den ursprünglichen Schmerz hinausweint, den man damals gefühlt hat. Um das zu tun, muß man herauslassen, was man gefühlt hat, als man die seelischen Verletzungen erlitt. Welche Gefühle waren damals da? Genau diese Gefühle sind es, die wir fürchten. Es hat so sehr geschmerzt, als wir jene Erfahrung durchlebten, daß wir alles tief in uns vergraben haben. Aber wir müssen diesen Schmerz wieder herausbringen, wenn wir befreit werden wollen.

Fast immer, wenn jemand mitten im Heilungsprozeß steht und ein schmerzhaftes Erlebnis nach dem anderen von neuem durchlebt, schreit er auf: „Geht das denn nie zu Ende? Muß ich mich jetzt mein ganzes Leben lang so herumquälen?"

Aber dieser Heilungsprozeß wird nicht ewig andauern. Er hat ein Ende, auch wenn es scheint, als ob er nie enden werde. Natürlich muß mancher zwanzig oder vierzig Jahre durchschreiten, je nachdem, wie alt er ist. Aber es kommt zu einem Ende. Es dauert nicht ewig, denn niemand hat ja ewig gelebt.

Karin sagte schließlich: „Ich bin auf einer langen, dunklen Reise durch mein Leben gewesen. Aber nun endlich bin ich nach Hause gekommen."

Die Vorstellung von Gott

Ein weiteres Hindernis, die Wahrheit auszusprechen, kann unsere Vorstellung von Gott sein. Wieder frage ich direkt: Wer ist Gott für dich? Ich meine nicht den Gott, wie du ihn verstandesmäßig erfaßt, über den du in Predigten und Bibelstunden gehört hast. Ich meine den Gott in deinem Herzen, denn die gefühlsmäßige Vorstellung von Gott wird zunächst nicht von biblischen Aussagen geprägt.

Sigmund Freud, der „Vater der Psychoanalyse", sagte, daß Gott eine bloße Projektion unserer Vatervorstellung sei. Freud entdeckte einen wichtigen Sachverhalt, wenn er ihn auch in seiner Denkweise wiedergab, die nur das Diesseitige anerkennen wollte. Denn es stimmt, daß unsere Vorstellungen von Gott durch unsere Erfahrungen mit unserem Vater geprägt werden. Aber Gott ist nicht nur eine Projektion, eine Vorstellung, wie Sigmund Freud meinte. Gott lebt trotz – und nicht wegen – unserer Vorstellungen von ihm.

Gott sagt von sich, daß er wie ein Vater ist. Als er diesen Begriff wählte, uns sein Wesen zu beschreiben, hatte er unseren gesamten Wortschatz zur Verfügung. Er hätte uns auch sagen können, er sei wie ein Baum. Ein Baum ist sehr schön. Wenn es heiß ist, spendet er Schatten. Wenn es kalt ist, können wir mit dem Holz des Baumes Feuer machen, um uns zu wärmen. Der Baum gibt uns das Holz für unser Haus zum Schutz vor Regen und Wind. Aber ein Baum kann nicht zu unserem Freund werden. Ich erwarte von Gott viel mehr, als ich von einem Baum erwarten kann.

Gott hätte auch das Wort „Hund" aussuchen können, um uns eine Vorstellung davon zu geben, wie er ist. Man sagt, ein Hund sei der beste Freund eines Mannes. Es tut gut, einen Hund zu haben, wenn man sich einsam fühlt. Ein guter Hund schützt einen.

Aber ein Hund ist auch schmutzig. Ich fände es nicht gut, einen Gott zu haben, der wie ein Hund ist!

Gott hatte unseren gesamten Wortschatz zur Verfügung, um uns zu sagen, wie er ist. Er wählte das Wort „Vater", weil dieses Wort ihn besser beschreibt als jedes andere Wort.

Als die Menschen noch ohne Sünde im Paradies lebten, muß dieser Begriff Gottes Wesen umfassend beschrieben haben. Ein Kind hätte Liebe und Schutz, Leitung und Korrektur durch seinen Vater erlebt und hätte daran erkannt, wie Gott ist. Aber die Menschen fielen in Sünde, und seither ist kein Vater auf dieser Welt mehr vollkommen. Nur prägt der Vater (der leibliche Vater oder wer die Vaterstelle vertritt) noch immer im Kind das Bild von Gott. Der Vater ist für es der Stärkste in seiner Welt. Die Mutter sagt: „Warte, bis der Vater nach Hause kommt, er ist stärker. Ich kann dir das nicht beiseite schieben (oder öffnen)." In den Augen des Kindes kann der Vater alles. Er ist wie ein Gott in seiner kleinen Welt.

Nun sind wir aber nicht mehr im Paradies, und deshalb geben die Väter kein zutreffendes Bild mehr von Gott ab. Denn alle Väter haben ihre Fehler. Aber noch immer wird in Kindern ihre Vorstellung von Gott durch ihre Erfahrungen mit ihrem Vater geprägt. So hat Gott bei jedem die Vorzüge und die Fehler des eigenen Vaters.

Ich erinnere mich noch gut daran, wie Gott mir diesen Zusammenhang klarmachte, als er mir zeigte, daß ich zu ihm genauso sprach, wie meine Mutter zu meinem Vater gesprochen hatte.

Ich wurde in eine gesunde, christliche Familie hineingeboren. Wir Kinder wurden alle in den Armen unserer Eltern zur Kirche gebracht. Ihr größter Wunsch war zu erleben, wie ihre Kinder dem Herrn nachfolgten. Und nun, da wir erwachsen sind, dienen wir Kinder alle dem Herrn auf unterschiedliche Weise.

Aber meine Mutter hatte den Fehler, immer über meinen Vater zu bestimmen. Ständig sagte sie ihm: „Du solltest jetzt das und das tun. Und dann vergiß nicht das andere!"

Ich war schon dabei, mich auf meine Ausreise als Missionarin nach Südamerika vorzubereiten, als Gott mir eines Tages zeigte, wie ich bete. Ich betete mehr oder weniger so: „Lieber Herr, bitte tu das und das. Bitte, laß das und das nicht geschehen. Wenn du es nicht willst, dann werde ich es annehmen, aber ich glaube, es ist wirklich am besten so, wie ich es mir vorstelle. Lieber Herr, dies und dies und das."

Ich betete nie: „Herr, zeige mir, was du willst. Ich weiß, daß du das Beste für mich willst. Zeig mir, was du willst. Ich werde es tun, weil ich weiß, daß du am besten beurteilen kannst, was gut und richtig für mich ist."

An jenem Tag unterbrach Gott mich bei meinem Gebet und sagte mir: „Du sprichst mit mir genauso, wie deine Mutter zu deinem Vater gesprochen hat."

Ich konnte nicht fassen, was ich hörte. Vor lauter Scham hätte ich am liebsten meinen Kopf unter dem Kissen versteckt. Ich mochte es nicht, wie meine Mutter mit meinem Vater geredet hatte. Es gab eine Menge guter Eigenschaften, die ich von meiner Mutter lernen wollte, aber bestimmt nicht das. Dann hörte ich, wie Gott über mich lachte. „Dachtest du, daß ich das nicht schon längst wußte?" fragte er. „Ich habe nur darauf gewartet, daß du selbst es auch merkst und diese Wahrheit akzeptierst, damit ich etwas daran ändern kann."

Schließlich mußte ich zustimmen. „Ja, Herr, es stimmt. Ich spreche genauso mit dir, wie meine Mutter mit meinem Vater gesprochen hat. Und, was noch schlimmer ist, ich bin tatsächlich nicht ganz sicher, ob du wirklich weißt, was das Beste für mich ist. Daß du gut bist und mich liebst und immer da bist, weiß ich genau. Ich kann nur nicht glauben, daß du wirklich beurteilen kannst, was jeweils das Beste ist, wenn ich dir nicht zuvor erkläre, wie ich die Sache sehe." Als ich so die Wahrheit eingestanden hatte, fing Gott an, mich und meine Gebete umzuwandeln.

Theresa

Theresa bereitete sich auf den Gemeindedienst vor, aber sie wagte nicht, Gott zu sagen, wie sie sich fühlte. Wir brauchten zwei Monate, um den Grund dafür zu entdecken.

Theresas Vater hatte Theologie studiert, aber dann hatte er sich von Gott abgewandt. Er verfiel dem Alkohol und verließ schließlich seine Familie, als Theresa sechs Jahre alt war.

Als Kind hatte Theresa immer Angst, daß ihr Vater eines Tages zurückkommen und sie in einen häßlichen, dunklen Raum einsperren würde, der angefüllt war mit leeren Bierflaschen, und in dem es keine Blumen gab oder sonst irgend etwas Schönes. Diese Angstvorstellung hing beständig über ihrem Leben.

Später wurde Theresa Christin, und nun bereitete sie sich auf den Gemeindedienst vor. Dennoch wagte sie nicht, bei geschlossener Türe zu beten, ja noch nicht einmal mit geschlossenen Augen. Wenn sie das versuchte, hatte sie immer das Gefühl, ein Gespenst kröche hinter ihr herauf.

Schließlich wurde ihr bewußt, daß Gott für sie wie ein Geist war, ein mit Fetzen umhülltes Skelett. Wenn sie beim Beten die Tür schloß – so befürchtete sie –, dann könnte Gott in ihrem Zimmer erscheinen, und etwas Schreckliches könnte dann geschehen. Möglicherweise würde Gott sie sogar an irgendeinen grausigen Ort schaffen.

Theresa konnte nur in einer Form beten. Sie konnte Gott um Dinge bitten, wie zum Beispiel um ein Paar Schuhe. Aber sie konnte Gott nicht sagen, wie sie sich fühlte. Sie konnte ihr Herz niemals wirklich für Gott öffnen.

Eines Tages sagte ich zu ihr: „Sag Gott die Wahrheit. Sage ihm: ‚Herr, ich fürchte mich vor dir'."

Theresa konnte diese Worte nicht aussprechen. Sie fing an zu beten: „Herr, danke, daß du mich liebst. Danke für alles, was du für mich getan hast, danke für dies, danke für das ..."

Ich unterbrach sie: „Nein, nicht so. Sag einfach: ‚Gott, ich fürchte mich vor dir'."

Wieder fing sie an: „Herr, danke für dies, danke für das ..."

Noch einmal unterbrach ich sie: „Bete nur: ‚Gott, ich habe Angst vor dir'."

Schließlich kriegte sie es fertig zu sagen: „Gott ... ich ... habe ... Angst ... vor dir. Aber ich muß ja wohl Angst vor dir haben, denn du bist so groß, und ich bin so klein."

„Nein, nein, nicht so", sagte ich. „Bete einfach: ‚Gott, ich habe Angst vor dir.' Nichts weiter!"

Wieder fing sie an: „Gott, ich habe Angst vor dir, aber ich habe auch Grund dazu, weil ich hier ganz allein bin!"

Theresa kämpfte lange mit diesem Gebet, bis sie endlich ruhig vor Gott eingestehen konnte, daß sie Angst vor ihm hatte. Sie hatte nicht gewagt, die Wahrheit einzugestehen, weil sie befürchtete, daß Gott dann wirklich kommen und sie packen würde. Und wer konnte wissen, was er dann mit ihr machte!

Wir mußten damals gerade unseren Wohnort wechseln, und so konnte ich Theresa nicht all die Zeit widmen, die sie nötig gehabt hätte. Bevor wir abreisten, fragte ich sie, wie sie sich jetzt Gott gegenüber fühle. Sie hatte nun angefangen, ihre Zimmertüre zu schließen, wenn sie betete, und sie machte nun auch die Augen beim Gebet zu. Sie fing an, Gott gegenüber mehr Vertrauen zu entwickeln. Immer weniger glich Gott ihrem Vater. –

Wie ist Gott für dich? Sag die Wahrheit. Die Wahrheit wird dich befreien. Nimm die Aufzeichnungen von all deinen schmerzhaften Erlebnissen und füge noch hinzu, was für eine Vorstellung du von Gott hast. Schreib auf, wie du dich wirklich ihm gegenüber fühlst.

Kapitel 7: Okkulte Einflüsse

Gott hat in jeden Menschen die Fähigkeit gelegt, mit der übernatürlichen Welt in Kontakt zu kommen. Er hat uns so geschaffen, damit wir in Gemeinschaft mit ihm leben können. Nun gibt es allerdings zwei sehr gegensätzliche Mächte in der übernatürlichen Welt: Zum einen Gott mit seinem Reich des Lichts, dann aber auch Satan mit seinem Reich der Dunkelheit.

Wie gegensätzlich diese beiden Reiche sind, wird in 5. Mose 18, 10–12 deutlich. Gott sagt dort: „... daß nicht jemand unter dir gefunden wurde, der ... Wahrsagerei, Hellseherei, geheime Künste oder Zauberei treibt oder Bannungen oder Geisterbeschwörungen oder Zeichendeuterei vornimmt oder die Toten befragt. Denn wer das tut, der ist dem Herrn ein Greuel."

Wer eine der genannten okkulten Praktiken ausübt und sich so in den Einflußbereich Satans begibt, kann keine wirkliche Gemeinschaft mit Gott haben. Solche Menschen haben auch Vollmacht, aber ihre Vollmacht kommt nicht von Gott.

Gott warnt so eindringlich davor, an okkulten Riten teilzunehmen oder jemanden um Rat zu bitten, der das tut, weil dadurch ein Kontakt entsteht mit dem Reich Satans. Es ist, um das an einem Beispiel deutlich zu machen, als ob jetzt eine Telefonverbindung zu ihm hin bestünde. Öffnet man sich dann später Jesus gegenüber, wird auch zu ihm eine Telefonverbindung hergestellt, und man versucht, auf ihn zu hören. Nur bleibt die Verbindung zum Reich Satans hin auch bestehen, denn Satan verzichtet niemals freiwillig auf seine Einflußmöglichkeiten. Jetzt sind also gleichsam zwei Telefonhörer auf einmal an den Ohren. Beim Beten oder beim Lesen in der Bibel ist es nun sehr schwer, sich auf das zu konzentrieren, was Gott sagt, denn Satan spricht Gott durch den zweiten Hörer ständig dazwischen. Dann kommen Zweifel an Gottes Liebe oder sogar an Gottes Existenz. Immer wieder quält einen der Gedanke, Gott sei ein Lügner.

Solange der Kontakt, den wir mit dem Reich Satans haben, nicht unterbrochen ist, können wir unsere Beziehungen zur übernatürlichen Welt also mit dem Versuch vergleichen, zwei Telefongespräche auf einmal zu führen. Beide Partner reden gleichzeitig auf uns ein, und wir verstehen gar nichts mehr.

Wenn sich aber jemand im Namen Jesu von jeder Verbindung lossagt, die er mit dem Okkulten gehabt hat, wird der Kontakt zum Reich Satans unterbrochen. Es gehört allerdings zur Taktik Satans, uns seinen Einfluß nicht so leicht bewußt werden zu lassen. Deshalb nimmt mancher die Dinge auf die leichte Schulter: „Ich habe zwar auch mal an so einer Sache teilgenommen, aber ich habe nicht wirklich daran geglaubt. Ich bin nur mit einem Freund hingegangen." Aber das ist kein Unterschied. Die Bibel sagt, daß Satan wie ein Dieb kommt. Kein Dieb wartet mit seinem Einbruch, bis der Besitzer des Hauses glaubt, daß er ein Dieb ist. Ein Dieb kommt auch nicht an die Tür, klopft an und sagt: „Ich bin ein Dieb. Bitte, lassen Sie mich herein. Ich will Sie bestehlen." Ein Dieb kommt herein, wenn man glaubt, alle Fenster und Türen seien fest verschlossen. Satan arbeitet ebenso. Er wartet nicht, bis wir ihn einladen. Er kommt, wenn wir ihn am wenigsten erwarten, wenn wir ihn gar nicht in der Nähe vermuten.

Luz Angela

Luz Angela war schon seit vielen Jahren Christin. Ihr Mann war Pastor. Jahrelang kämpfte sie mit Zweifeln über ihre Errettung und über Gottes Liebe zu ihr. Sie hatte oft gefastet und gebetet, aber ihre Zweifel hatten nie abgenommen.

Mein Mann sprach in einer Vortragsreihe in ihrer Gemeinde über die Notwendigkeit, dem Kontakt mit jeglicher Art von Spiritismus abzusagen und die so entstandene Verbindung zum Reich Satans abzubrechen – ein Schritt, der über das bloße Bereuen der Tat hinausgeht.

Als wir uns später in kleinen Gruppen über den Vortrag austauschten, erzählte mir Luz Angela von ihren Zweifeln. Sie erinnerte sich daran, wie sie in ihrem ersten Jahr auf der Höheren Schule

Angst vor einer Abschlußprüfung gehabt hatte. Eine Freundin hatte ihr damals geraten, zum Friedhof zu gehen, wo am Tag zuvor ein sehr böser Mann beerdigt worden war. Sie solle nach einem Kerzenstummel suchen, der auf dem Grab liegengeblieben war. Dann solle sie sich ans Grab knien, den Kerzenstummel anzünden, ihn fest in der Hand halten und das Vaterunser rückwärts aufsagen. Luz Angela erinnerte sich, wie sie das alles genau befolgt hatte. Später hatte sie den Vorfall vergessen, aber nun fragte sie sich, ob er möglicherweise die Ursache für all ihre Zweifel sei.

Im Namen Jesu sagte sich Luz Angela von dem okkulten Ritual los, das sie ausgeführt hatte. Im Namen Jesu durchbrach sie so die Verbindung, die zum Reich Satans hin bestanden hatte. Später erzählte uns Luz Angela, daß sie von diesem Tag an frei war von allen Zweifeln. In ihrem ganzen Leben als Christin hatte sie nie solche Freiheit erfahren.

Bist du in Kontakt gewesen mit dem Okkulten? Oder waren es vielleicht deine Eltern oder Großeltern? In 2. Mose 20, 5 steht, daß Schuld der Eltern sich bis in die dritte und vierte Generation auswirken kann. Vielfältige Erfahrungen zeigen, daß das vor allem bei okkulten Einflüssen gilt.

Schreib auf, was für Kontakt mit dem Okkulten du gehabt hast, und schreib auch alles auf, was du über solche Kontakte bei deinen Eltern und Großeltern weißt.

Jesus als Retter annehmen

Wer will, daß Jesus seine seelischen Verletzungen heilt, muß ihm zuerst erlauben, in sein Leben zu kommen. Warum das so ist, soll ein Beispiel verdeutlichen.

Vor einiger Zeit hatten wir eine undichte Wasserleitung in unserer Küche. Wir riefen einen Klempner an, damit er den Schaden repariere. Angenommen, der Handwerker wäre an unsere Wohnungstür gekommen und hätte geschellt, aber wir hätten ihm gesagt, er könne nicht hereinkommen, weil die Wohnung ja schließlich uns gehöre. Er solle die Wasserleitung reparieren, indem er mit seinem Arm durch die Tür oder durchs Fenster lange. Mit Sicherheit wäre die Leitung dann noch heute undicht. Die Reparatur wäre unmöglich gewesen.

Entsprechendes gilt, wenn jemand möchte, daß Jesus die seelischen Verletzungen in seinem Leben heilt. Jesus kann es nicht, wenn wir ihm nicht die Tür zu unserem Leben öffnen.

Von vielen Menschen in Kolumbien hörten wir den Einwand: „Aber Gott ist doch sowieso immer bei mir." Das stimmt. Gott ist immer bei uns. Aber er ist auch immer bei den Hunden und den Katzen und den Bäumen und bei allem, was er geschaffen hat. Doch mit uns Menschen möchte er eine sehr viel engere Gemeinschaft eingehen.

In Kapitel zwei des ersten Buches Mose steht, wie Gott den Menschen geschaffen hat. Er formte ihn und gab ihm den Lebensatem. Später sagte Gott zu Adam und Eva, daß sie sterben würden, wenn sie vom Baum der Erkenntnis des Guten und des Bösen äßen.

Sie aßen davon, aber sie starben nicht, jedenfalls nicht physisch, sie lebten weiter. Allerdings bedeutet das Wort, das wir hier mit „sterben" übersetzen, nicht „verschwinden", sondern vielmehr „getrennt werden". Adam und Eva starben nicht physisch, aber sie starben geistlich. Sie waren nun getrennt von Gott.

Diese Trennung ist bis auf uns gekommen. Aus diesem Grunde fühlen wir uns innerlich so leer. Es ist eine Leere, die so groß und tief ist, daß nichts sie ausfüllen kann. Wir mögen versuchen, sie mit Autos, mit Häusern oder Geld zu füllen, mit Kleidung, Arbeit, Familie, Kindern, Kameraden, Freunden und vielem mehr. Aber die Leere ist viel zu tief, um von all dem auch nur berührt zu werden. Nichts davon kann sie ausfüllen, denn es ist eine gottgegebene Leere in unserem Geist.

Nicht einmal, wenn wir am Abendmahl oder an der Kommunion teilnehmen, wird die Leere gefüllt, weil auch das, was wir da zu uns nehmen, nur durch unseren Leib geht und wieder ausgeschieden wird. Auch wenn wir Brot und Wein im Mund behalten, bis sie sich aufgelöst haben und in unseren Organismus übergegangen sind, können sie unseren Geist nicht erreichen. Nur Gott allein in Jesus Christus kann die Leere in unserem Geist ausfüllen.

Wie macht Jesus das? In Offenbarung 3, 20 sagt er: „Siehe, ich stehe vor der Tür und klopfe an. Wenn jemand meine Stimme hören wird und die Tür auftun, zu dem werde ich hineingehen und das Abendmal mit ihm halten und er mit mir."

Nehmen wir einmal an, daß ich vor deinem Haus stehe und anklopfe und ich dir als Besuch willkommen bin. Dann öffnest du die Tür, läßt mich herein und führst mich ins Wohnzimmer. Wenn du aber willst, daß ich fortan zum Besitzer deines Hauses werde, dann führst du mich überall herum und zeigst mir jeden Raum. „Dies Haus steht dir zur Verfügung", würdest du dann sagen. „Du kannst darüber bestimmen. Ich werde ausführen, was du sagst."

Entsprechendes geschieht, wenn du Jesus in dein Leben aufnehmen willst. Jesus kommt nicht wie ein Dieb. Er ist höflich und rücksichtsvoll. Ohne deine Einladung kommt er nicht herein. Er steht an der Tür deines Lebens und klopft, denn er will dein Herr werden. Wenn du ihm öffnest, tritt er ein.

Wie du Jesus einladen kannst, in dein Leben zu kommen? Sprich mit ihm. Sage ihm: „Herr Jesus, ich weiß, daß ich mich bisher noch nicht für dich geöffnet habe. Du bist immer bei mir gewesen, aber ich habe dich draußen stehen gelassen. Nun öffne ich dir die Tür. Hier und jetzt gebe ich dir mein ganzes Leben. Ich möchte dir gehören. Bitte, komm und vergib mir alles, was ich dir und anderen gegenüber falsch gemacht habe, alle meine Sünden. Sag mir, was ich mit meinem Leben machen soll. Ich möchte, daß du mein Herr bist. Danke für das, was du jetzt in mir tust. Amen."

Dem Okkulten absagen

Nun sage dich von jeder Verbindung los, die du mit okkulten Dingen gehabt hast. Nimm deine Aufzeichnungen zur Hand und sage dich los von jedem einzelnen Kontakt. Das folgende Gebet kann dir dabei helfen:

„Herr Jesus, in deinem Namen sage ich mich los von jeder Verbindung mit dem Reich Satans. Hier und jetzt sage ich mich los von jedem Kontakt mit Wahrsagerei, mit Zauberei, Zeichendeuterei, Hexerei und Besprechen, mit Medien, Spiritismus und aller Befragung der Toten. Ich sage mich los von jeder nichtchristlichen Religion, jedem Gebrauch von Tarotkarten, von Handlesen, Pendeln, jeder Art von Kartenlegerei, aller Astrologie und allem Horoskopglauben.

Ich sage mich los vom Lügen, von der Klatschsucht und dem Mißbrauch von Alkohol und Drogen. Ich sage mich auch los von allem Kontakt, den meine Eltern und Großeltern mit diesen Dingen gehabt haben. Herr Jesus, ich bitte dich, daß du alle Bereiche meines Lebens reinigst, die davon berührt worden sind, und daß du sie mit deinem Heiligen Geist anfüllst."

Wenn in deinen Aufzeichnungen nun noch etwas steht, das du nicht erwähnt hast, dann sage dem Herrn: „In deinem Namen, Herr Jesus, sage ich mich los von dem Kontakt mit ... Ich breche die Verbindung ab, die in meinem Leben durch diesen Kontakt zu Satans Reich hin geknüpft worden ist. – Jesus, bitte fülle diesen Bereich meines Lebens mit dem Heiligen Geist. Danke, Herr, daß du mich befreist."

Die Erfahrung hat gezeigt, daß ein derartiges Absagegebet in jedem Fall in der Gegenwart eines Seelsorgers gesprochen werden sollte. Er ist Zeuge, daß du dich von dieser Bindung losgesagt hast, und er kann dir in der Regel dann auch den Zuspruch der Vergebung erteilen.

Kapitel 8: Heilung empfangen

Gebet für sich selbst

Bitte nun Gott, deine geistlichen Augen zu öffnen, damit du sehen kannst, wie Jesus neben dir steht und darauf wartet, alles das aus deiner Vergangenheit entgegenzunehmen, was du ihm gibst. Gemeint ist dabei nicht ein wörtlich verstandenes physisches Sehen, sondern ein inneres Schauen, durch das du wahrnimmst: Gerade das, worum du betest, geschieht tatsächlich. Es ist wichtig, daß du beim Beten eine innere Vorstellung von dem hast, was du betest. Denn deine Augen sahen und deine Ohren hörten jene tragischen Dinge, als sie geschahen. Nun müssen sie auch die Lösung sehen und hören.

Und dann bete: „Herr Jesus, ich danke dir, daß für dich die Vergangenheit nicht verschlossen ist. Für dich ist alles gegenwärtig. Bitte, nimm mich jetzt bei der Hand und geh mit mir zurück durch meine Jugend und Kindheit bis zum Tag meiner Geburt und zu der Stunde, als ich gezeugt wurde."

Nimm nun die Aufzeichnungen von deinen traumatischen Erlebnissen zur Hand, und während du die Szenen von damals wieder in dir lebendig werden läßt, sprich mit Jesus über jeden einzelnen Punkt. Sag ihm und denen, die damals beteiligt waren, die Wahrheit über das, was du fühlst. Schreie, weine, schlag auf den Fußboden oder auf ein Kissen, wenn du deine Gefühle so ausdrücken kannst. Laß die alten Gefühle so heraus, daß du sie wie damals erlebst.

Bei deinem Gebet um Befreiung kann es eine Hilfe sein, wenn du in die freigelassenen Stellen der folgenden Sätze bzw. statt der in Klammer stehenden Abschnitte jeweils deine Erinnerungen und Gefühle einsetzt. Die vorgegebenen Worte sollen dich dabei jedoch keinesfalls in deinen Äußerungen eingrenzen, denn es ist wichtig, daß du *alles* aussprichst, was *du* jetzt denkst und fühlst. Wenn du dich an etwas erinnerst, womit dein Vater dich verletzt hat, dann sage zu dem Erinnerungsbild von deinem Vater: „Vater, als du ………………………… *(z. B. mich in jener Nacht nach draußen schicktest, obwohl ich so schreckliche Angst hatte),* fühlte ich …………………… *(z. B. ungeheuren Zorn)* auf dich. Ich wollte ………………… *(z. B. dich am liebsten schlagen und schütteln, bis zu mich verstandest),* aber du ……………………………… *(z. B. hast mir nicht einmal zugehört).* Jesus, diese …………… ……………… *(z. B. Angst und dieser Zorn),* die ich fühlte, als mein Vater ………………………… *(z. B. nicht auf mich hörte),* zerstören mich. Ich kann es nicht länger tragen. Ich gebe nun dies alles dir. Bitte, trage es für mich."

Wenn du jede Einzelheit von jener ersten Begebenheit bei Jesus abgegeben hast, dann nimm dir den nächsten Punkt deiner Aufzeichnungen vor. Wenn du über alles, was deinen Vater betraf, mit Jesus gesprochen hast, dann gehe mit ihm durch die Situationen, in denen deine Mutter und deine Geschwister dich verletzt haben. Laß dabei keine Einzelheit aus.

Und dann laß in deinem Geist die inneren Verletzungen lebendig werden, die durch Onkel oder Tanten verursacht wurden, durch deine Großeltern, Vettern und Kusinen, durch Nachbarn, Klassenkameraden, Lehrer, Freunde und Mitarbeiter, durch den Pastor oder durch Leute in deiner Gemeinde, durch Schwiegereltern, Schwager und Schwägerinnen, durch deinen Mann bzw. deine Frau, deine Söhne und Töchter und jeden anderen, an den du dich erinnern kannst.

Danach sprich mit Jesus über die seelischen Verletzungen, die du dir selbst zugefügt hast, über Sünde und Versagen, das du dir nicht vergeben konntest, und über die Bereiche deines Lebens, wo du dich selbst nicht annehmen konntest.

Wenn du dich dann an nichts Bedrückendes aus deiner Vergangenheit mehr erinnern kannst, dann bitte Jesus, daß er dir ins Bewußtsein zurückruft, was noch im Unterbewußten verborgen liegen sollte, damit du es ebenfalls an ihn abgeben kannst.

Bleibe dann eine Zeitlang still vor Jesus. Alles, was dir noch in den Sinn kommt, ganz gleich, wie schwerwiegend oder geringfügig es dir erscheint, laß noch einmal in dir lebendig werden, so daß du den Schmerz von damals wieder fühlst. Stell dir vor, wie Jesus einen großen Sack für dich bereithält und wie du allen Unrat aus deinem Leben da hineinwirfst. Wenn dir nichts mehr ins Gedächtnis kommt, danke ihm dafür, daß er dir alles gezeigt hat, was in dir verborgen war. Und dann bete weiter:

„Jesus, in deinem Namen binde ich diesen Sack zu. Bedecke ihn mit deinem Blut und versiegele ihn mit dem Abdruck deiner durchbohrten Hände, damit niemand ihn wieder öffnen kann. Und nun, Herr Jesus, lege ich diesen großen, schweren Sack auf deine Schultern, damit du ihn für mich ans Kreuz trägst.

Ich sehe dich, Jesus, wie du zum Kreuz gehst, gebeugt unter dem Gewicht der schrecklichen Dinge aus meiner Vergangenheit. Danke, daß du alles für mich trägst. Ich sehe dich, wie du mit meinem Sack beladen am Kreuz hängst. Jesus, diese inneren Verletzungen, unter denen ich gelitten habe, haben dir den Tod gebracht. Du bist gestorben für das, was ich erlitten habe. Ich danke dir so sehr.

In deinen Augen sehe ich Liebe und Erbarmen. Ich öffne mich für dich, damit ich deine Heilung und deine Vergebung empfange."

Wenn du so weit mit Jesus mitgegangen bist, kannst du den nächsten Schritt tun. Sage die Wahrheit zu dem Erinnerungsbild von deinem Vater: „Vater, ich kann dir nicht vergeben, was du mir angetan hast. Ich schaffe es nicht, trotz all meiner Bemühungen. Aber ich habe jetzt alles, was du mir angetan hast, Jesus gegeben und gesehen, wie er es ans Kreuz getragen hat. Er hat seine Vergebung in mich hineinfließen lassen. Diese Vergebung, die Jesus mir gegeben hat, gebe ich jetzt an dich weiter. Mit der Vergebung Jesu vergebe ich dir, Vater. Ich will dir diese Dinge nie wieder vorhalten. Bitte vergib auch mir mein Verhalten dir gegenüber."

Dann sage zu Jesus: „Herr, ich bin bisher nicht fähig gewesen, meinem Vater zu vergeben. Aber nun habe ich deine Vergebung an ihn weitergegeben. Mit deiner Vergebung, Jesus, vergebe ich meinem Vater. Durch deine Kraft werde ich ihn nie wieder anklagen."

Nun vergib auf dieselbe Weise deiner Mutter, deinen Geschwistern und jedem, der in deinen Aufzeichnungen erwähnt ist. Und vergib auch dir selbst. Setze hier deinen eigenen Namen ein:

„..............., ich kann dir nicht vergeben, daß du ....
....
Aber ich habe das alles jetzt Jesus gegeben. Ich nehme dich an, hier und jetzt, wie du bist, mit deinen Fehlern und Stärken, genauso, wie Jesus dich angenommen hat."

Und dann fahre fort: „Jesus, hier und jetzt vergebe ich mir selber und nehme mich selbst so an, wie du mich angenommen hast."

Als nächstes sprich mit Gott über deine Gefühle ihm gegenüber: „Gott, ich habe immer das Gefühl gehabt, daß du mir gegenüber .... *(z. B. ungerecht)* bist. Du hast zugelassen, daß .... *(z. B. ich so schwer erkrankte)*. Deshalb fühlte ich .... *(z. B. Zorn und Enttäuschung)* dir gegenüber. Alles das gebe ich jetzt Jesus, damit er es für mich ans Kreuz trägt. Ich öffne mich Jesus gegenüber, damit er mir zeigt, wie du wirklich bist und andere Gefühle zu dir in mich hineinlegt: Liebe und Vertrauen."

Vielleicht hast du sogar Jesus gegenüber zwiespältige Gefühle. Vielleicht hast du niemals erfahren, was es bedeutet, geliebt zu werden. Und nun hast du Angst davor, Jesu Liebe an dich heranzulassen und ihm zu vertauen, weil du befürchtest, dann wieder verletzt und im Stich gelassen zu werden. Sag ihm das alles. Er wird nicht böse mit dir, wenn du die Wahrheit sagst, er will dir helfen. Bitte ihn, deine falschen Vorstellungen von ihm ans Kreuz zu tragen und dir zu zeigen, wie er wirklich ist, und deine verletzten Gefühle zu heilen.

Wenn dir jetzt nichts mehr in den Sinn kommt, worum Jesus sich kümmern muß, dann beschließe deine Gebetszeit damit, ihm für das Wunder der Heilung zu danken, das er in dir vollbracht hat.

Gebet um Heilung für andere

Wer Jesu Heilung an sich selbst erfahren hat, kann nun, wenn er darum gebeten wird, auch anderen in ihren Problemen helfen. Er sollte zusammen mit dem Ratsuchenden zuerst Jesus darum bitten, daß er nun bei ihm alle verborgenen seelischen Verletzungen wieder lebendig werden läßt, indem er ihn Rückschau halten läßt auf sein

Leben. Das folgende Gebet kann dabei hilfreich sein. In die freigelassenen Stellen sollte dann jeweils der Name des Ratsuchenden eingesetzt werden:

„Herr Jesus, ich danke dir, daß für dich die Vergangenheit nicht verschlossen ist. Alles ist für dich gegenwärtig. Ich bitte dich, daß du .... bei der Hand nimmst und mit ihm (ihr) zurückgehst durch sein (ihr) Leben. Geh mit ihm (ihr) durch Jugend und Kindheit bis zurück zum Tag seiner (ihrer) Geburt und zu der Stunde, als er (sie) gezeugt wurde.

Herr, befreie .... von allen negativen Einflüssen, die von seinen Eltern, Großeltern oder Urgroßeltern auf ihn gekommen sind. Befreie ihn vom Einfluß jeder Zauberei und allem Spiritismus, mit denen seine Vorfahren in Kontakt gekommen sein mögen, auch schon in der Zeit, bevor .... überhaupt gezeugt wurde. In deinem Namen sagen wir dem allen ab und durchbrechen so die Verbindung zum Reich Satans, die in .... vielleicht bestanden hat. Fülle jeden Teil seines Lebens, der von okkulten Dingen berührt worden ist, mit deinem Heiligen Geist.

Herr Jesus, sieh nun den Augenblick, in dem .... gezeugt worden ist. Vielleicht war es ein Augenblick tiefer Liebe zwischen seinen Eltern, aber vielleicht war auch Sünde eingeschlossen. Vielleicht wollten sie gar nicht, daß dieses neue Leben entstand. Herr Jesus, gehe du in diese Situation hinein und mach aus diesem Akt etwas so Schönes, wie du es dir vorgestellt hast, als du den Menschen die Gabe der Sexualität schenktest. Wenn bei .... Eltern Sünde mit eingeschlossen war, dann nimm diese Sünde mit zum Kreuz. Vergib du alles und reinige alles.

Herr, du hast alles in der Hand, und du wolltest, daß .... Leben begann. Vor Grundlegung der Welt hattest du einen Plan für ihn. Danke für deinen Plan und für .... Leben.

Jesus, als .... Mutter bemerkte, daß sie schwanger war, hatte sie vielleicht Angst. Vielleicht wurde .... schon zu diesem frühen Zeitpunkt abgelehnt. Herr Jesus, komm an die Seite von .... Mutter und ermutige sie. Gib ihr soviel Freude und Zuversicht, daß auch das Baby in ihrem Leib es spürt.

Vielleicht hatte .... Mutter in der Schwangerschaft starke Beschwerden oder sie wurde krank. Möglicherweise war sie nicht verheiratet und fühlte sich deshalb schuldig. Herr, ich bitte dich, nimm diese Krankheit, diese Schwierigkeiten, diese Schuld auf dich und heile jede seelische Verletzung, die .... schon vor seiner Geburt erlitten haben mag.

Herr, ich bitte dich, ... Mutter deine Gegenwart spüren zu lassen, wenn der Zeitpunkt der Entbindung naht. Vielleicht war die Entbindung lang und schwierig. Herr, wende dich .... Mutter zu und trage ihre Schmerzen. Und bewahre das Baby vor jeder seelischen Verletzung.

Wenn .... geboren ist, dann empfange du ihn in deinen Armen und heiße ihn in dieser Welt willkommen. Sage ihm, wie du ihn liebst und wie glücklich du darüber bist, daß er geboren ist. Weihe ihn jetzt schon zum Dienst in deinem Reich.

Herr, in diesen ersten Wochen und Monaten, wenn das Baby ein so starkes Bedürfnis danach hat, von seiner Mutter versorgt zu werden, liebevoll gewiegt und gestreichelt zu werden und Geborgenheit zu empfinden, da war .... Mutter vielleicht zu beschäftigt, um so für das Kind zu sorgen, wie es das brauchte. Vielleicht wurde ...., weil die Familie so arm war oder wegen einer Krankheit oder eines Todesfalles von seiner Mutter getrennt und allein gelassen oder bei jemandem untergebracht, der nicht richtig für ihn sorgen konnte.

Jesus, geh bitte in das Zimmer, wo .... schreit und kümmere dich um ihn. Laß ihn spüren, daß du ihn liebst und daß du für alles sorgen willst, was er braucht.

Wenn .... einige Jahre älter ist und so viele Fragen stellt, ist seine Mutter vielleicht ungeduldig und sagt ihm, er solle den Mund halten und sie mit seiner Fragerei in Ruhe lassen. Vielleicht beginnt er jetzt zu lernen, daß er nicht über das reden darf, was er denkt und fühlt. Herr, nimm dieses Kind auf deinen Schoß, schließe es in deine Arme, höre auf alle seine Fragen und gib ihm die Antworten, die es braucht. Heile jede Verletzung, die er erlitten hat, wenn er sich von seiner Mutter abgewiesen fühlte.

Herr, vielleicht hat auch .... Vater in diesen Jahren keine Zeit für ihn gehabt, oder vielleicht war er sehr streng zu ihm. Ich bitte dich, daß du dieses Kind in deine starken Arme nimmst und ein Vater für es bist. Laß .... deinen Schutz und deine Fürsorge spüren.

Vielleicht war .... Vater Alkoholiker und mißhandelte die Mutter mit Worten. Vielleicht hat er sie sogar geschlagen. Komm in das Zimmer zu dieser verängstigten Familie. Vielleicht haben sich auch hier die Kinder vor Angst unter dem Bett versteckt. Herr, geh da hinein und stelle dich vor den Vater. Laß alle diese Schläge und diese gemeinen Worte auf dich fallen. Nimm alles mit zum Kreuz. Bring diese Familie ohne seelische Verletzung da heraus, einfach nur, weil du da bist. Lege deine Hand auf die Wunden, die .... in dieser Zeit erlitten hat, und heile sie vollständig. Erfülle ihn mit deiner Liebe und mit Vertrauen. Danke, daß du das wirklich tust.

Jesus, als .... älter wurde, hat er vielleicht manchmal etwas angestellt, wofür er bestraft werden mußte. Möglicherweise haben ihn seine Eltern, statt ihn in Liebe und Verständnis zurechtzubringen, lächerlich gemacht, ihn kritisiert und ihm das Gefühl gegeben, immer alles falsch zu machen. Vielleicht haben sie ihn nie oder nur selten gelobt, und nun hat er Minderwertigkeitskomplexe. Vielleicht meint er, daß er ständig versagt.

Herr, geh mit .... und sage ihm, wenn er etwas gut gemacht hat. Sage ihm, daß du dich darüber freust, wie er lernt und sich entwickelt. Erkläre ihm alles, was er wissen muß. Wenn er Unfug gemacht hat und dann von seinen Eltern ungerecht bestraft worden ist, dann decke ihn mit deinem Leib und nimm diese Strafe auf dich.

Vielleicht gab es Zeiten, wo seine älteren Geschwister .... nicht verstanden. Vielleicht hänselten sie ihn und machten sich über ihn lustig. Nimm .... den Schmerz ihrer Worte und heile ihn.

Herr, als .... zur Schule kam, erschien ihm vielleicht alles fremd und bedrohlich. Vielleicht hatte er Angst. Nimm ihn bei der Hand und gehe mit ihm zur Schule. Möglicherweise schubsten ihn die anderen manchmal zur Seite, und dann fühlte er sich verlassen und unerwünscht. Vielleicht gab ihm ein Lehrer das Gefühl, wertlos und dumm zu sein und machte ihn vor der Klasse lächerlich. Bleibe bei .... als sein bester Freund. Nimm seine Verletzungen auf dich und laß .... unbeschwert leben. Danke, daß du das tust.

Herr, als .... heranwuchs, hat vielleicht niemand mit ihm über seine erwachende Sexualität gesprochen. Vielleicht kam dann alles für ihn unerwartet und verursachte Angst und Scham und Schuldgefühle. Herr, geh du zu ihm und erkläre ihm alles. Du nimmst seine Angst und seine Scham auf dich.

Vielleicht wurde .... sexuell belästigt oder sogar vergewaltigt und fühlt sich nun schmutzig und wertlos. Vielleicht wurde .... in ein Bordell mitgenommen oder von Homosexuellen belästigt. Jesus, komm in jede dieser Szenen hinein und reinige .... Geist, seine Gefühle und seinen Leib. Mach ihn so rein, als ob alles nie geschehen wäre. Danke, daß du das jetzt tust.

Vielleicht hat .... erlebt, wie ihn das Mädchen, das er liebte, betrog, und nun kann er nicht mehr an Liebe glauben. Bitte, Herr, nimm diesen Schmerz auf dich." –

Bei dieser Rückschau über sein Leben sind dem Ratsuchenden möglicherweise besondere innere Verletzungen wieder zu Bewußtsein gekommen. Dann sollte er jede Einzelheit des vergangenen Geschehens wieder in sich lebendig werden lassen. Dabei braucht er einen verständnisvollen Zuhörer, der ihn trösten kann, wenn ihn der alte Schmerz erfaßt, der ihn begleiten kann, wenn er all sein inneres Unheil Jesus aufbürdet, und der ihm zeigen kann, wie er Jesu Vergebung weitergeben kann an diejenigen, die ihn verletzt haben. Man muß sich viel Zeit nehmen zu diesem Dienst, damit bei dem Ratsuchenden nichts Bedrückendes im Verborgenen bleibt. Wenn man dann miterlebt hat, wie Jesus einen Menschen von den Belastungen seiner Vergangenheit befreit hat, dann sollte man die gemeinsame Gebetszeit beschließen mit dem Dank für das, was Jesus getan hat.

Kapitel 9: In der Heilung bleiben

Du bist nun im Gebet mit Jesus durch dein gesamtes hinter dir liegendes Leben gegangen. Wie fühlst du dich jetzt? Es kann sein, daß du spürst, wie du von allem Schmerz über deine seelischen Verletzungen befreit bist. Es kann auch sein, daß du dir deiner Gefühle nicht ganz sicher bist. Dann rede dir nicht ein, es sei alles in Ordnung. Denn es ist die Wahrheit, die dich frei machen wird. Bitte Jesus, dir zu zeigen, ob noch irgend etwas verdrängt geblieben ist.

Du bist so weit geheilt, wie du dich öffnen und Jesus die Wahrheit sagen konntest. Aber der Herr weiß, wieviel von der Wahrheit du auf einmal ertragen kannst. Möglicherweise war das, was er dir bis jetzt gezeigt hat, nur ein Anfang. In dem Maße, wie du es verkraften kannst, Schritt für Schritt, wird Jesus dich in dem Heilungsprozeß weiterführen. Es kann sein, daß er das schon jetzt in diesem Augenblick will. Es kann aber auch sein, daß Tage und Wochen zwischen deinen einzelnen Schritten liegen. Fang nicht an, darüber nachzugrübeln, was noch in dir verborgen liegen könnte. Jesus wird es dir zur rechten Zeit ins Bewußtsein zurückbringen. Und dann kannst du mit ihm darüber sprechen.

Bleibe dann ganz still vor ihm und sei offen für das, was er dir zeigt. Vertraue ihm. Er will dich freundlich leiten. Er möchte dich so tiefgreifend heilen, wie du es dir kaum wünschen und vorstellen kannst.

Wenn du merkst, daß du nicht allein weiterkommst, dann bitte Gott, dich auf einen guten Seelsorger aufmerksam zu machen, der dir helfen kann zu verstehen, was Jesus dir zeigen will.

Wenn du aber spürst, daß alles heil geworden ist, was du aufgeschrieben hast, dann *verbrenne deine Aufzeichnungen.* Hebe sie nicht auf, denn nichts von dem, was auf deiner Liste steht, gehört nun noch zu dir. Jesus hat jede deiner seelischen Verletzungen auf sich genommen. Sie gehören jetzt ihm, sie sind sein Eigentum.

Wenn dann später Satan zu dir sagen sollte: „Erinnerst du dich noch an das, was man dir angetan hat?" dann kannst du ihm ohne Furcht erwidern: „Am ... (setze dein eigenes Datum ein) habe ich das alles Jesus gegeben. Ich habe gesehen, wie er es ans Kreuz trug, und deshalb habe ich nichts mehr damit zu tun. Wenn du darüber sprechen willst, dann sprich mit Jesus darüber. Es ist nicht mehr mein Problem, es gehört mir nicht mehr. Und ich mische mich nicht in anderer Leute Angelegenheiten."

Alte Denkgewohnheiten überwinden

Wir Menschen verhalten uns nach bestimmten Denkgewohnheiten. Wenn wir uns an jemanden erinnern, erinnern wir uns auch an die Gefühle, die er in uns hervorgerufen hat. Das äußerte sich bei mir zum Beispiel dadurch, daß ich bei jener bestimmten Schulschwester, die meiner Lehrerin aus dem dritten Schuljahr ähnelte, nicht ordentlich arbeiten konnte. Jedesmal, wenn ich ihre Gesichtszüge sah, waren die Empfindungen „Fehler, Angst" in meinem Kopf.

Solche Denkgewohnheiten gibt es bei jedem Menschen. Und sie werden auch nicht ohne weiteres dadurch verändert, daß Jesus die ursprünglichen seelischen Verletzungen geheilt hat. Wie können wir die alten Denkgewohnheiten durchbrechen?

Wer einmal versucht hat, mit dem Rauchen aufzuhören, der weiß, daß man diese Angewohnheit nicht von einem Tag auf den anderen ablegen kann. Es ist ein richtiger Kampf, mit einer Gewohnheit zu brechen.

Unsere Denkgewohnheiten zu durchbrechen, kostet ebenfalls Kampf. Je fester sich diese Gewohnheiten eingeprägt haben, desto schwerer ist es, sie zu verändern. Denkgewohnheiten werden nicht durch den guten Vorsatz: „Ich will nicht mehr an diese Dinge denken" umgewandelt. Es ist interessant im Blick auf unseren Denkprozeß, daß wir, um zu sagen, daß wir eine Sache vergessen wollen, zuerst einmal daran denken müssen. Wenn wir nur sagen „Ich will nicht mehr an diese Sache denken", haben wir unseren Vorsatz schon gebrochen.

Mit einem einfachen Experiment kann man das verdeutlichen. Führe die folgende Anweisung aus: Denke nicht an das Wort

„Brot"! Woran denkst du jetzt? An das Wort „Brot" natürlich. Je mehr wir versuchen, das Wort „Brot" zu vergessen, desto deutlicher erinnern wir uns daran.

Unsere Gedanken sind wie Klebstoff. Wenn wir versuchen, ihn von der linken Hand zu entfernen, dann haftet er an der rechten. Versuchen wir es noch einmal andersherum, dann klebt er wieder an der linken Hand. Wir können ihn nicht loswerden. Ähnlich geht es mit unseren Gedanken. Je intensiver wir versuchen, eine Sache zu vergessen, desto mehr denken wir daran.

Gott weiß, wie es uns mit unseren Gedanken ergeht. Deshalb zeigt er uns eine Lösung. In Philipper 4, 8, steht: „Liebe Brüder: Was wahrhaftig ist, was ehrbar, was gerecht, was rein, was liebenswert, was einen guten Ruf hat, sei es eine Tugend, sei es ein Lob – darauf seid bedacht!" In diesem Vers wird nichts Negatives erwähnt, sondern nur Positives. Wir sollen an positive Dinge denken. Dies ist ein Befehl Gottes, nicht nur ein Vorschlag, denn er weiß, daß wir nur auf diese Weise unsere verhängnisvolle Art zu denken verändern können: Indem wir unseren Sinn mit guten, positiven Gedanken anfüllen.

Wir wollen nun ein zweites Experiment machen. Denke nicht an das Wort „Brot". Denke an das Wort „Wasser". Woran denkst du jetzt? Wenn du den Versuch richtig gemacht hast, an das Wort „Wasser". Das zweite Wort hat das erste verdrängt. Auf dieselbe Weise können in uns, wenn wir Gottes Anweisung folgen, gute, positive Gedanken den Platz der negativen Erinnerungen einnehmen.

Ich habe nur ein einziges Mal jemanden kennengelernt, der immer Gutes über die anderen sagte. Wenn dieser Frau nichts Gutes einfiel, das sie über die anderen sagen konnte, dann schwieg sie einfach. Mit ihr zusammen zu sein, war eine wunderbare Erfahrung.

Diese Freundin, eine Missionarin, versorgte uns, als ich eine Krebsbehandlung durchmachen mußte. Als sie nach einer Woche nach Hause zurückkehren mußte, löste eine andere Missionarin sie ab. Diese Frau war das genaue Gegenteil der ersten. Jede Sache und jeden Menschen sah sie in einem negativen Licht. Nach einer Woche konnte ich es kaum erwarten, daß sie wieder nach Hause fuhr. Es war niederdrückend, ständig von den schlimmen Dingen zu hören, die andere getan hatten.

Diese beiden Frauen hatten gegensätzliche Denkgewohnheiten entwickelt. Sie sprachen von denselben Menschen und Geschehnissen. Und doch sahen sie genau das Gegenteil in jedem Menschen und jeder Situation.

Manchmal fällt es uns schwer, etwas Gutes an jemandem zu entdecken. Vielleicht können wir alle etwas lernen von jener kleinen, alten Großmutter, die in einem amerikanischen Landstädtchen lebte. Diese alte Frau sprach immer von dem Guten in anderen. Sie hatte sich den Vers Philipper 4, 8 ins Herz geschrieben. Wenn sie über jemanden nichts Gutes zu sagen wußte, dann sagte sie gar nichts.

Im selben Ort lebte ein verschrobener, alter Mann. Eines Tages starb er, und jedermann in dem kleinen Städtchen ging mit zur Beerdigung. Da wollten sich einige junge Männer auf Kosten dieser alten Frau einen Spaß erlauben.

„Nun, Oma", fragten sie, „was kannst du uns von diesem alten Mann, der nun gestorben ist, Gutes sagen?"

Die alte Frau kratzte sich am Kopf und überlegte eine Weile. Schließlich antwortete sie: „Ihr wißt, ich habe schon immer gesagt, dieser Mann hatte die schönsten Zähne von der ganzen Welt."

Vielleicht gibt es jemanden in deinem Leben, der dich so tief verletzt hat, daß du nichts Gutes mehr an ihm entdecken kannst. Vielleicht sind seine „schönen Zähne" das einzige, was du finden kannst. Dann fülle deine Erinnerung an ihn mit Gedanken über diese „schönen Zähne".

In jedem Menschen liegt etwas Gutes. Wir müssen uns bemühen, das Gute herauszufinden, denn es ist die einzige Möglichkeit, die Denkmuster zu durchbrechen, die wir entwickelt haben, und von unseren negativen Gedanken befreit zu werden.

Ich möchte dir Mut machen, die guten Eigenschaften der Menschen, die dich verletzt haben, zu entdecken. Wenn du dich dann bei negativen Gedanken ertappst, dann lege diese Gedanken auf Jesus und konzentriere dich auf die guten Eigenschaften jenes Menschen.

Das heißt nicht, daß du verdrängen sollst, was derjenige getan hat. Du sollst dich nur darauf besinnen, daß du den Schmerz, den er dir zugefügt hat, nicht mehr zu tragen brauchst und du deshalb an seine guten Eigenschaften denken kannst. Das ist Gottes Anweisung. Denn er weiß, wie wir geistig gesund werden können.

Mit den täglichen Verletzungen und Ängsten leben

Du hast wegen aller seelischen Verletzungen gebetet, die du jemals von jemandem erlitten hast. Aber wenn dich morgen wieder jemand verletzt? Jeder von uns sollte an jedem Tag seine Verletzungen unter Gottes Heilung bringen. Verdränge nicht, was Herr oder Frau Soundso gesagt haben und wie sie dich verletzt haben. Sage die Wahrheit. Versuche nicht, es zu vergessen. Erinnere dich an jene Szene und an die Gefühle, die du hattest. Vielleicht weißt du nicht einmal genau, was du gefühlt hast. Dann bitte Gott, daß er dir das zeigt. Und dann sage die Wahrheit:

„Als er (sie) .... tat (sagte), fühlte ich ...., und ich fühle immer noch .... Ich kann das nicht tragen. Jesus, bitte komm in diese Szene herein. Ich lege den Schmerz auf dich. Trage ihn für mich ans Kreuz."

Wenn dein Mann ärgerlich und verstimmt nach Hause kommt oder wenn deine Frau launisch ist, dann sage Jesus genau, was du fühlst. „Ich fühle mich, als ob ...." *(Als Beispiel: „Ich würde ihn am liebsten umbringen.")* Wenn du dich so fühlst, dann sag Jesus die Wahrheit. Nicht, daß du so fühlst, ist problematisch, sondern was du mit den Gefühlen machst. Die Bibel sagt: „Zürnt ihr, so sündigt nicht" (Epheser 4, 26). Wenn du ärgerlich bist, dann sage Gott das. Unsere Zorngefühle sind für Gott kein Problem, denn Jesus starb dafür. Die Probleme erwachsen aus unserer Einstellung zu dem Ärger.

Wenn wir versuchen zu unterdrücken, was wir fühlen, dann bekommen wir Schwierigkeiten. Wenn wir unserem Widersacher aus Zorn eins auf die Nase geben, bekommen wir auch Schwierigkeiten. Allzuoft beten wir: „Herr, vergib mir, daß ich so zornig war." Und dann schlucken wir alles zusammen hinunter, den Ärger und den Schmerz, der ihn verursacht hat. Wenn wir das Tag für Tag so machen, dann sind wir innerlich schließlich so geladen, daß wir bei der geringsten Kleinigkeit explodieren. Deshalb will Jesus uns von unserem Ärger befreien. Aber das kann er nur, wenn wir unsere Gefühle vor uns selbst und vor ihm eingestehen.

Sage Jesus die Wahrheit. „Jesus, ich bin so ärgerlich *(oder verletzt oder wütend usw.).* Ich bin ärgerlich auf .... wegen .... Das kann ich nicht tragen. Deshalb gebe ich dir diesen Ärger. Bitte trage ihn für mich. Fülle mich an mit deiner Vergebung für ...."

In der Bibel steht, daß wir alle unsere Sorgen und Ängste auf Jesus legen sollen (1. Petrus 5, 7). Wir versuchen das meistens auch. Aber oft holen wir die Sorgen anschließend zurück und tragen sie wieder selbst. Wie können wir es schaffen, unsere Ängste bei Jesus zu lassen? Ich will erzählen, wie es mir einmal damit erging.

Bevor ich als Missionarin nach Kolumbien ging, verlor ich innerhalb eines Jahres drei Familienangehörige: meinen Vater, meine Mutter und meinen Schwager, der meine Schwester mit sieben Kindern zwischen zweieinhalb und elfeinhalb Jahren zurückließ.

Als ich nach Costa Rica ging, um Spanisch zu lernen, mußte ich auch noch von meiner Heimat Abschied nehmen. Wenn ich einmal zurückkehrte, würde ich kein Zuhause mehr vorfinden. Das Haus, in dem ich gelebt hatte, wurde nun von meiner verwitweten Schwester und ihren sieben Kindern bewohnt. Und die Häuser meiner anderen Geschwister waren von ihren Kindern belegt. Nirgends war Platz für mich.

Aber Gott hatte mir ein Versprechen gegeben. Er hatte mir zugesagt: „Wer Häuser oder Brüder oder Schwestern oder Vater oder Mutter oder Kinder oder Äcker verläßt um meines Namens willen, der wird's hundertfach empfangen und das ewige Leben ererben" (Matthäus 19, 29).

Ich dachte damals: „Daß ich ewiges Leben empfangen werde, glaube ich. Aber daß Gott mir Vater und Mutter und Kinder und Land wiedergeben will, das kann ich nicht verstehen." Ich fühlte mich richtig verlassen. So ging ich nach Costa Rica, und dort begegnete ich Karl, der sich, wie ich, auf den Missionsdienst vorbereitete. Später heirateten wir und gingen zusammen nach Kolumbien. Nun hatte ich einen Mann und ein Heim, und bald kamen auch unsere zwei Kinder dazu. Gott hatte sein Versprechen eingelöst.

Dennoch hatte ich ein schweres Problem. Mußte ich zu Hause bleiben, wenn Karl verreiste, dann wanderte ich voller Unruhe von einem Zimmer ins andere und betete: „O Gott, bewahre meinen Mann. Ich möchte ihn nicht verlieren."

Ich befürchtete, wieder jenen Schmerz zu erleben, den ich empfunden hatte, als meine Eltern starben, und dieselbe Pein zu erleiden wie meine Schwester, als sie ihren Mann verlor.

Gott war sehr freundlich zu mir. Immer, wenn Karl wegfahren mußte, gab er mir das Versprechen: „Ich werde ihn bewahren. Ich will ihn sicher zu dir zurückbringen."

„Herr, ich glaube deinem Versprechen", betete ich, „hilf meinem Unglauben." Ich konnte einfach nicht darauf vertrauen, daß mein Mann sicher zurückkommen würde.

Über Jahre ging das so. Immer wieder las ich in der Zeitung Berichte über schwere Busunfälle. Schließlich hatte ich in meinem Kopf eine Sammlung von schrecklichen Informationen, die meine Angst nur noch vergrößerte. Das dauerte so lange, bis unsere beiden Kinder älter wurden und meine Angst wahrzunehmen begannen.

Eines Tages, wir lebten damals in Pasto im Südwesten von Kolumbien, mußte Karl nach Tumaco fahren, um dort einige Gläubige zu taufen. Um von Pasto nach Tumaco zu kommen, mußte er mit dem Bus über die berüchtigte „Nariz del Diablo", die Teufelsnase fahren. Dort schlängelte sich die schmale, ungeteerte Straße ohne jegliche Begrenzung an der äußersten Kante eines 300 Meter tiefen Abgrundes entlang. Nur ein einziger Felsblock an der schärfsten Kurve bot etwas Schutz. Viele Busse waren schon an dieser gefährlichen Stelle in den Abgrund gestürzt. Ich bestürmte Gott im Gebet, er möge uns das Geld für eine Flugkarte schicken. Aber wir bekamen kein Geld, und Karl mußte mit dem Bus reisen.

Bevor er abfuhr, beteten wir für ihn um den Schutz des Herrn. Wieder gab Gott mir das Versprechen: „Ich werde ihn bewahren. Ich will ihn dort segnen und ihn sicher wieder nach Hause bringen. Mach dir keine Sorgen."

Karl fuhr ab, und ich begann mit meiner gewohnten Wanderung durch unsere Wohnung. Ich rang meine Hände und betete: „O

Herr, ich glaube deinem Versprechen. Ich glaube ihm wirklich ... aber bitte, hilf meinem Unglauben."

An diesem Tag unterbrach Gott mich und sagte mir: „Arline, ich habe versprochen, daß ich Karl bewahren will, daß ich ihn segnen und ihn sicher zurückbringen werde. Du kannst dir überlegen, ob du es glauben willst oder nicht. Ich meinerseits habe dir ein Versprechen gegeben, und ich werde es auch halten, ob du es glaubst oder nicht. Du kannst wählen, was du tun willst. Du kannst dich entschließen, mir zu glauben und ruhig und zuversichtlich zu sein. Oder du kannst dich entschließen, dich wie gewohnt zu verhalten und so deinen Kindern die Erfahrung zu vermitteln, daß sie mir nicht vertrauen können. Es ist deine Entscheidung."

Ich hatte mir immer vorgestellt, daß Glaube irgend etwas sei, das über den Menschen kommt, so etwas wie eine große, energiegeladene, weiche Wolke; etwas, das jemand erst nicht hat, dann aber wunderbarerweise bekommt. Wenn das geschah, dann konnte man plötzlich glauben, und man hatte keine Probleme mehr damit, Gott zu vertrauen.

Gott lehrte mich an diesem Tag, daß Glaube eine Entscheidung ist, die ich treffen mußte. Ich mußte Gottes Versprechen mehr glauben als meinen Gefühlen. Er zeigte mir, daß Glaube der Entschluß war, seinem Versprechen mehr zu vertrauen als meinen Gefühlen.

An diesem Tag entschloß ich mich, meine Ängste auf Jesus zu werfen. „Ich will glauben. Das ist meine Entscheidung. Es stimmt, daß dein Versprechen keinen Einfluß auf meine Gefühle hat. Ich habe noch immer Angst, daß Karl stirbt und mich mit den beiden kleinen Kindern allein zurückläßt. Aber du hast mir ein Versprechen gegeben, und jetzt entscheide ich mich, dir mehr zu glauben als meinen Gefühlen. Alle meine Angstgefühle werfe ich auf dich."

Plötzlich fühlte ich mich so entspannt, so frei, so erleichtert ... fünf Minuten lang. Nach fünf Minuten kamen meine schrecklichen Gedanken und Ängste mit aller Macht wieder zurück. Wieder betete ich: „Jesus, ich wähle, deinem Versprechen mehr zu glauben als dem, was meine Gefühle mir sagen. Ich werfe alle meine Ängste auf dich."

Und wieder fühlte ich mich frei und entspannt – für weitere fünf

Minuten. Den ganzen Tag über mußte ich dabei bleiben, diese Ängste auf den Herrn zu legen. Am Abend konnte ich schon ungefähr eine viertel Stunde lang ruhig bleiben. Und am nächsten Morgen mußte ich wieder von vorn anfangen. Ich hatte ein verhängnisvolles Denkmuster entwickelt.

Als Karl zurückkam, war ich so weit fortgeschritten, daß ich für fast zwanzig Minuten ruhig bleiben konnte. Karl hatte die Gläubigen in Tumaco getauft und war darüber unbeschreiblich glücklich.

Aber Gott wollte mir noch eine weitere Lehre erteilen. Am nächsten Tag lasen wir in der Zeitung, daß jenes Flugzeug abgestürzt war, um das ich für Karl so sehr gebetet hatte. Alle Passagiere waren umgekommen. Gott hatte nicht auf mein Gebet geantwortet, aber er hatte meinen Wunsch erfüllt, daß er meinen Mann bewahren möge.

Trotz dieser Erfahrung hatte ich meine alte Denkgewohnheit noch nicht überwunden. Etwa fünf Jahre mußte ich noch dagegen ankämpfen, bis ich schließlich ganz ruhig bleiben konnte, wenn Karl alleine wegfuhr.

Gott zeigte mir, daß er mich wirklich geheilt hatte, als mein Mann 1982 einen so schweren Autounfall hatte, daß er dabei hätte sterben können. Mit einer Gehirnerschütterung kam er ins Krankenhaus. Ich mußte mit unseren Kindern über das sprechen, was passiert war, und ich blieb dabei innerlich vollkommen ruhig.

Einige Wochen später erzählte ich in Karls Gegenwart von dieser Erfahrung. Als wir wieder allein waren, rief er aus: ,,Deshalb warst du so unerschütterlich! Du warst so ruhig, daß es mir vorkam, als ob der Unfall dich überhaupt nicht berührte.'' Gott hatte mich wirklich geheilt. –

Auch deine Denkmuster kann Gott verändern, genauso, wie er sie bei mir veränderte, obwohl sie sehr tief in mir verwurzelt gewesen waren.

In Versuchung und Anfechtung bestehen

Wer hat sich nicht schon einmal die Fragen gestellt: ,,Wenn Gott mich so sehr liebt, warum läßt er mich dann in solchen Schwierigkeiten stecken? Warum holt er mich nicht aus dieser Versuchung heraus? Warum muß ich durch so viele Anfechtungen gehen? Warum tut er nichts, um mir zu helfen?"

Ich muß weit ausholen, um Gottes Handeln an uns verständlich zu machen. Als Gott uns Menschen schuf, waren wir dazu ausersehen, im Paradies zu leben. Er begabte uns mit den Kräften und Fähigkeiten, die wir brauchten, um in dieser Umgebung zu leben. Gott hatte nicht vorgehabt, uns in einer Umwelt leben zu lassen, wie wir sie heute kennen: geprägt von Haß und Streit, von Katastrophen und Tragödien. Er wollte, daß wir im Paradies leben, wo es nichts gab als Freude, Liebe, Zufriedenheit, Verstehen und Gemeinschaft. Das war Gottes ursprünglicher Plan für uns.

Nun wählten die ersten Menschen allerdings, als sie den Einflüsterungen des Satans folgten, das Leben außerhalb des Paradieses. Seither lebt die Menschheit nicht mehr in ihrer natürlichen Umgebung. Wir sind wie Vögel, die im Wasser leben, oder wie Fische auf den Bäumen.

Gott hätte das nicht bekümmern müssen. Er hätte sagen können: „Ihr habt es selber so gewollt. Nun seht auch zu, wie ihr damit fertig werdet!" Aber so handelte Gott nicht.

Er sandte seinen Sohn Jesus Christus zu uns und rettete uns durch ihn. Jesus hat versprochen, daß er am Ende der Zeiten wiederkommen und uns dann in unseren ursprünglichen Lebensraum zurückbringen will. Alles Böse wird er dann wegnehmen. Und bis das geschieht, will er uns zur Seite sein und unsere Lasten, unseren Schmerz und unsere Sorgen tragen. Gott ist noch viel unglücklicher über unsere Lage als wir selbst. Er möchte nicht, daß wir derart leiden.

Wie sollen wir uns nun verhalten, wenn wir mit den Schwierigkeiten und Versuchungen unserer Welt konfrontiert werden? In Jakobus 1, 2.12.17 steht: „Meine lieben Brüder, erachtet es für lauter Freude, wenn ihr in mancherlei Anfechtung fallt. Selig ist der Mann, der die Anfechtung erduldet; denn nachdem er bewährt ist, wird er die Krone des Lebens empfangen. Alle gute Gabe und alle vollkommene Gabe kommt von oben herab, von dem Vater des Lichts, bei dem keine Veränderung ist noch Wechsel des Lichts und der Finsternis."

Gott schickt nur gute Dinge. Er sagt uns, daß wir auch Schwierigkeiten mit großer Freude annehmen sollen. Wenn wir statt dessen beten: ,,Gott, nimm dieses Problem weg", dann sagen wir gemäß Vers 12: ,,Gott, nimm die Krone meines Lebens weg." Denn nur, wenn wir die Versuchung überwunden haben, werden wir die Krone des Lebens empfangen. Wir müssen uns fragen, was uns wichtiger ist: Für alle Ewigkeit die Krone des Lebens zu tragen oder jetzt ein paar Stunden Ruhe zu haben.

Wenn wir Gott bestürmen, uns aus den Schwierigkeiten herauszuführen, sagen wir ihm damit: ,,Gott, ich mache mir nichts aus der Krone, die du mir geben willst. Was später kommt, kümmert mich nicht. Nimm meine Krone weg, ich will sie nicht! Hauptsache, ich kann jetzt in Ruhe leben."

Meine Mutter erzählte mir, daß ich als kleines Mädchen immer zu ihr hinlief und mich an ihren Knien festklammerte, wenn sie mich bestrafen wollte. Auf diese Weise war ich so nah bei ihr, daß sie mich nicht fest schlagen konnte. Sie mußte mich wenigstens ein Stück von sich weghalten, damit ihr Klaps für mich überhaupt zu spüren war. Ich wußte natürlich nichts von diesem Zusammenhang. Ich wußte nur, daß die Schläge nicht so weh taten, wenn ich mich an meiner Mutter festhielt.

Wenn wir durch Prüfungen gehen, neigen wir dazu, vor Gott und dem Schmerz wegzulaufen. Aber wir sollten es lernen, statt dessen zu Gott hinzulaufen und uns an ihm ganz festzuhalten. Er ist der Gott allen Trostes (2. Korinther 1, 3.4). Er will uns in allen unseren Sorgen und Schwierigkeiten trösten.

Trösten und getröstet werden

Der Trost, den Gott uns geben will, unterscheidet sich allerdings ganz wesentlich von dem, was unter uns vielfach an unbedachten Trostworten weitergegeben wird. Wie schnell sagt man: ,,Sei geduldig!" Und wir sollen ja auch wirklich geduldig sein. Aber gewöhnlich kann uns keiner erklären, wie wir Geduld verwirklichen können. Man sagt: ,,Habe Glauben!" Aber was ist Glaube in einer scheinbar ausweglosen Situation? Man sagt: ,,Bete!" Aber das haben wir längst getan, und es hat sich nichts geändert. Man sagt: „Danke Gott für alles!" Aber Gott sagt: „Seid dankbar *in* allen Dingen" (1. Thessalonicher 5, 18). Gott *für* jede Lage zu danken ist etwas ganz anderes, als Gott *in* jeder Lage zu danken.

Ich gab im Bibelseminar gerade einen Kursus über geistige Hygiene, als wir erfuhren, daß der Vater von einem der Studenten umgebracht worden war. Sein Schwager hatte ihm im Drogenrausch ein Messer in den Leib gestoßen.

„Was sollen wir David jetzt sagen?" fragte ich die Studenten. Sollte er Gott für das alles danken? Sollte er Gott dafür danken, daß der Schwager seinen Vater umgebracht und ihn und seine sechs jüngeren Geschwister vaterlos gemacht hat? Wie entsetzlich wäre das gewesen!

Bei Josefina, einer jungen Frau aus einer unserer Gemeinden, hatten das wohlmeinende Christen tatsächlich gemacht. Ihr Mann war ermordet worden, und sie stand mit sechs kleinen Kindern allein da. Bei der Beerdigung schrie sie: „Gott, was du mir angetan hast, ist nicht richtig! Was soll ich mit diesen Kindern machen? Wie soll ich sie satt kriegen? Wie soll ich sie erziehen? Du bist ungerecht!"

Ihre Freunde eilten zu ihr, um sie zu trösten. „Still!" sagten sie ihr. „Du darfst Gott doch nicht so etwas sagen! Gott ist nie ungerecht! Du mußt Gott für jede Lebenslage danken. Danke Gott, daß dein Mann gestorben ist und daß er nun beim Herrn ist."

Sie brachten Josefina soweit, dafür zu danken, daß ihr Mann sterben durfte und nun bei Gott war. Drei Monate später wurde sie mit einem Nervenzusammenbruch in eine psychiatrische Klinik eingeliefert.

Jesus hat nie auf diese Weise getröstet. Obwohl er wußte, daß er innerhalb der nächsten Minuten Lazarus wieder zum Leben erwecken würde, schalt er Maria und Martha nicht dafür, daß sie ihren Kummer zeigten. Er sagte nicht: „Dankt Gott dafür, daß Lazarus gestorben ist." Jesus stellte sich mit hinein in ihren Kummer und weinte mit ihnen.

Wie hätte Josefina in ihrer schrecklichen Situation Gott danken können? Dank zu sagen *für* alles ist etwas ganz anderes, als Dank zu sagen *in* jeder Lage. Josefina hätte zu Gott schreien sollen, was sie fühlte: ,,Gott, das ist nicht richtig, was du mit mir machst. Was du getan hast, ist ungerecht. Wie soll ich nun meine Kinder versorgen?"

Sie hätte das herausschreien sollen mit all dem Schmerz und der Verwirrung, die sie fühlte. Diejenigen, die sie trösteten, hätten ihr sagen sollen: ,,Ja, das stimmt. Es sieht wirklich so aus, als ob Gott ungerecht ist. Du fühlst dich ungerecht behandelt. Sag ihm das. Sprich zu ihm über all den Schmerz und die Verwirrung, die du fühlst."

Josefina hätte weiter schreien sollen: ,,Herr, ich weiß nicht, was du mit mir tun willst. Es sieht alles so völlig hoffnungslos aus. Ich weiß nicht, wie ich damit leben soll. Aber ich danke dir, Gott, daß du immer noch mein Vater bist. Ich danke dir, daß du mich nicht allein lassen wirst, auch wenn ich jetzt das Gefühl habe, daß du mich verlassen hast. Ich danke dir, daß du einen Weg für mich finden wirst, obwohl ich selbst im Augenblick keinen Ausweg sehe. Irgendwie wirst du für uns sorgen."

Auf diese Weise hätte sie all ihren Schmerz und ihre Verwirrung äußern können und doch Gott in ihrer Situation danken können, und ihr Glaube wäre dadurch gewachsen.

Wir sollten niemals jemandem verbieten, seinem Schmerz Ausdruck zu geben. Jesus weinte mit den Weinenden, und wir müssen dasselbe tun.

Es gibt noch mehr beliebte Redensarten, mit denen man versucht, andere zu trösten. Zum Beispiel: ,,Sieh doch mal deinen Nachbarn an oder meinen Freund. Ihre Lage ist viel schlimmer als deine. Was du da hast, ist ja wohl kein Problem! Reiß dich gefälligst zusammen!"

Aber das hilft keinem. Wenn jemand in einer Anfechtung steckt, dann ist sein Himmel von Horizont zu Horizont mit den Wolken seiner Probleme verdunkelt. Er sieht keinen Ausweg. Zu wissen, daß sein Nachbar noch größere Schwierigkeiten hat, macht seine Lage nicht erträglicher. Er wird sich höchstens noch zusätzlich schuldig fühlen, weil er sich selbst und seine Probleme zu wichtig nimmt.

Manchmal sagt man auch: ,,Mach dir keine Sorgen. Gott prüft dich nur, um zu sehen, wie stark du bist."

In unserer Kirche in Nordkolumbien wollten wir eines Abends gerade unsere Gebetsstunde beginnen, als wir die Nachricht erhielten, daß einer Gemeindefamilie das Haus abgebrannt war. Nur mit dem, was sie auf dem Leibe trugen, waren sie selbst dem Feuer entkommen.

Berta, eine andere Frau aus unserer Gemeinde, ging mit mir zu dem Haus, wo die Familie Unterschlupf gefunden hatte. Kaum waren wir eingetreten, da sprudelte Berta auch schon los: ,,Das ist nur Gottes Art herauszufinden, ob ihr ihn wirklich liebt. Macht euch keine Sorgen, es ist nur eine Anfechtung. Er will sehen, wie stark ihr seid und ob ihr ihn mehr liebt als all die materiellen Dinge. Es ist nur eine Prüfung. Wenn ihr die besteht, wird er wissen, ob ihr ihn liebt ...''

Jene arme Frau, die alles verloren hatte, was sie besaß, stand ganz benommen da. Berta machte mit ihrem ,,Trost'' den Schmerz dieser Frau nur noch schlimmer. Da ging ich zu ihr hin und nahm sie in die Arme. Sie legte ihren Kopf auf meine Schulter und weinte und weinte. Das war es, was sie brauchte. Sie mußte ihren Schmerz und ihre Verwirrung herausweinen können. Wir nahmen dann die Familie mit zu uns nach Hause, um sie mit Essen und Kleidung zu versorgen und eine neue Bleibe für sie zu suchen.

Kapitel 10: Das Leben, das Gott gebrauchen kann

Führt Gott uns wirklich in Versuchungen und Anfechtungen, um herauszufinden, ob wir stark genug sind, sie zu überwinden?

In 1. Korinther 10, 13 wird gesagt: „Es hat euch nur menschliche Versuchung getroffen. Aber Gott ist treu, der euch nicht versuchen läßt über eure Kraft, sondern macht, daß die Versuchung so ein Ende nimmt, daß ihr's ertragen könnt."

Dieser Vers sagt nicht: „Gott ist treu. Er wird euch nur versuchen lassen, um zu sehen, was ihr ertragen könnt." Denn Gott weiß schon vorher, wie stark jemand ist. Weiß er nicht alle Dinge? Sollte er es nötig haben, uns zu prüfen, um herauszufinden, was wir schaffen? Natürlich nicht. Wir selbst allerdings haben kaum eine Vorstellung davon, wie stark wir sind in ihm.

Im Buch Hiob wird erzählt, wie Satan vor Gott erschien. Gott

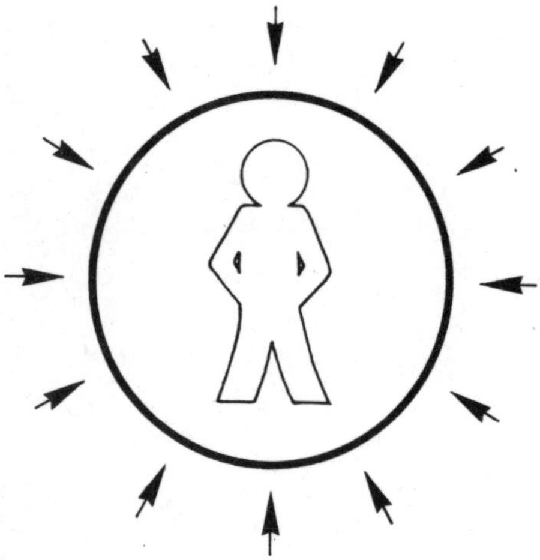

Hiob, umgeben von Gottes Schutzwall, wird von Satan angegriffen

fragte ihn: „Hast du meinen Knecht Hiob gesehen? Hast du gesehen, wie fest er im Glauben steht?" – „Kein Wunder", erwiderte Satan, „du hast ja auch einen Schutzwall gemacht um ihn und seine Familie und alles, was er besitzt!"

Daraus geht hervor, daß Satan Hiob versuchen und zu Fall bringen wollte. Er überhäufte Hiob mit Anfechtungen und Versuchungen. Aber immer, wenn Satan sich ihm nahen wollte, prallte er ab an dem Schutzwall, den Gott rund um Hiob gebildet hatte. Satan konnte Hiob nicht erreichen. Wir können das so darstellen, wie es die Skizze auf der vorhergehenden Seite zeigt.

Satan sagte also zu Gott: „Kein Wunder, daß Hiob dir dient! Du läßt mich ja auch nicht an ihn herankommen. Ich kann ihn nicht einmal berühren!"

Gott antwortete: „Gut. Ich werde eine Bresche in dem Schutzwall öffnen. Alles, was er besitzt, ist in deiner Hand. Aber du darfst Hiob selbst nicht antasten."

Gott wußte, wie stark Hiob war, und bemaß danach die Versuchung, die er zuließ. Satan konnte alles zerstören, was Hiob gehörte, aber er durfte seine Person nicht antasten.

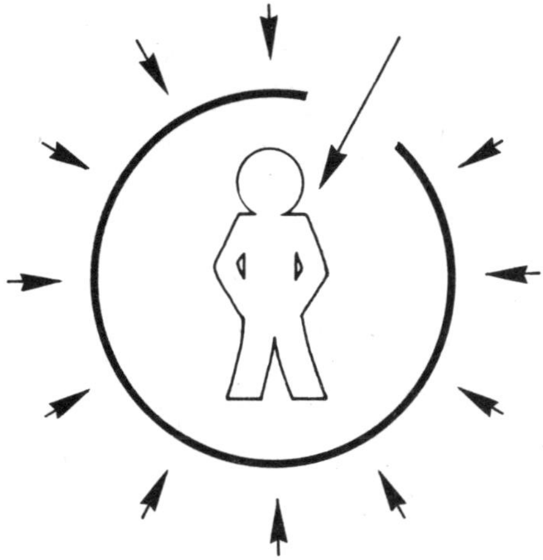

Hiob wird durch eine Bresche in Gottes Schutzwall von Satan angegriffen

Später erschien Satan noch einmal vor Gott. „Sieh, was du meinem Knecht Hiob angetan hast! Und er hat doch nicht gesündigt", sagte Gott zu ihm.

„Haut um Haut!" antwortete Satan ihm. „Alles, was der Mensch hat, gibt er für seine Gesundheit."

„Gut", sagte Gott. „Er ist in deiner Hand. Aber nimm ihm nicht das Leben."

Durch den ersten Angriff Satans war Hiob stärker geworden. Gott wußte das genau, und deshalb öffnete er eine weitere Bresche in seinem Schutzwall. Satan durfte nun Hiobs Körper antasten, aber er durfte ihm nicht das Leben nehmen. Auch diese neue Versuchung war genau nach der Kraft Hiobs bemessen.

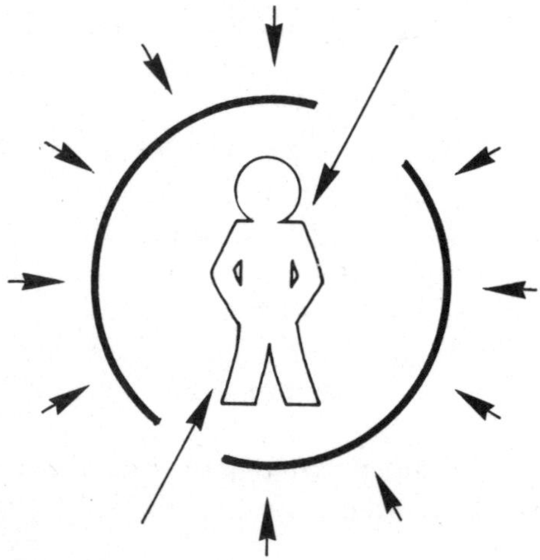

Die zweite Bresche in Gottes Schutzwall um Hiob

Wenn es Satan schon beim ersten Mal erlaubt gewesen wäre, Hiobs Gesundheit anzugreifen, dann hätte Hiob das möglicherweise nicht verkraftet. Bei der zweiten Versuchung aber war er so stark geworden, daß Gott es nun gestattete. Gott wußte genau, wie stark Hiob war.

Es ist offensichtlich, daß Satan Hiob zugrunde richten wollte. Aber Gott hatte andere Ziele. Solange Hiob bei Gott blieb, konnte nichts ihn berühren, das Gott nicht zu seinem Zweck zuließ.

Dasselbe gilt für uns. Solange wir in Gemeinschaft mit Gott und nach seinem Plan für uns leben, sind wir vollkommen sicher. Aber wehe uns, wenn wir uns außerhalb seines Willens und Schutzes begeben. Dann kann Satan uns mit jeder Anfechtung und Versuchung entgegentreten, die er wünscht. Sein Ziel ist, uns zugrunde zu richten. Wenn wir uns außerhalb von Gottes Schutz befinden, kann es sein, daß wir den Angriffen Satans nicht widerstehen können.

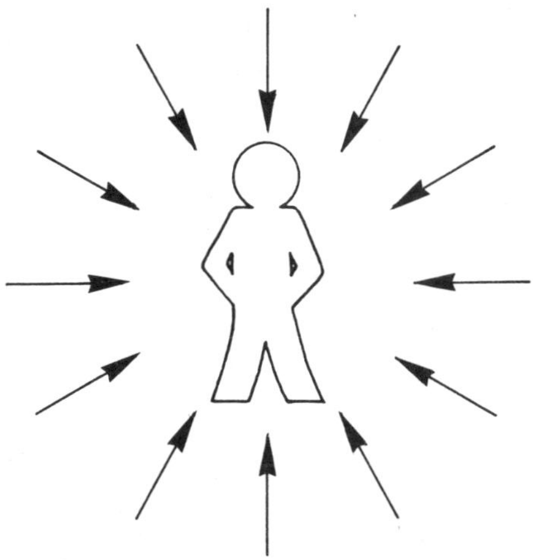

Ein Mensch, der außerhalb von Gottes Willen und Schutz lebt, wird von Satan angegriffen

Solange wir nach Gottes Willen für uns leben, zeigt uns schon die bloße Tatsache, daß wir Anfechtungen oder Versuchungen durchmachen, daß wir auch fähig sind, zu widerstehen. Gott hätte die Anfechtung nicht zugelassen, wenn wir nicht die Kraft hätten, sie zu ertragen. Aber was hat Gott für Ziele, wenn er uns in Anfechtungen führt? An einer Geschichte soll das deutlich werden.

Eines Tages fing ein Jäger einen wilden Papagei und brachte ihn zu seinem Freund in die Stadt. Der Freund sperrte den Papagei in einen großen eisernen Käfig, der in seinem Hof stand. Der Papagei flog gegen das Gitter des Käfigs und fiel zu Boden. Wieder und wieder versuchte er, auf diese Weise zu entkommen. Schließlich sagte der Jäger zu seinem Freund, er solle den Papagei besser im Käfig anketten, sonst würde er sich noch selbst umbringen. So wurde also der Vogel an eine hölzerne Sitzstange im Käfig angekettet. Wieder versuchte er aufzufliegen. Aber er kam nur so weit, wie die Kette reichte, und dann fiel er. Er versuchte es solange, bis er endlich merkte, daß er nicht entkommen konnte. Da setzte er sich auf die Sitzstange und fand sich mit seiner Situation ab.

So wurde der Papagei gezähmt, und als der Jäger eines Tages wieder zu Besuch kam, nahm er ihm die Kette ab. Der Vogel merkte gar nicht, daß er nun frei war. Er hatte sich mit seiner Zwangslage abgefunden und versuchte nicht mehr zu entkommen.

Eines Tages nun ließen Kinder die Käfigtür offenstehen, und eine Katze schlich in den Käfig. Der Papagei meinte, er sei noch angekettet und rührte sich nicht von seiner Sitzstange. Die Katze sprang hinauf, packte den Vogel und fraß ihn auf.

Der Käfig war so groß, daß der Papagei hätte auffliegen, aus der Tür entwischen und so sein Leben retten können. Aber weil er glaubte, noch immer gefesselt zu sein, blieb er auf seiner Sitzstange und ließ sich von der Katze auffressen.

Wenn nun jemand vor diesem Vorfall den Papagei immer wieder mit einem Stock von seiner Sitzstange gestoßen hätte, dann hätte der Vogel wohl denken mögen: „Laß mich in Frieden! Ist meine Lage nicht schon schlimm genug? Ich wurde aus meiner Heimat und aus der Freiheit entführt und in diesen Käfig gesperrt, und nun schlägst du mich auch noch zu Boden!"

Trotzdem würde er langsam begriffen haben, daß er frei war, und er würde seine Flügel wieder gebraucht haben. Wenn dann die Katze in seinen Käfig gekommen wäre, wäre er durch die Tür geflogen und so der Katze entkommen.

Unser Verhalten gleicht oft dem des Papageis. Satan hat uns in Ketten gelegt, und wir wissen aus Erfahrung, daß wir gegen ihn machtlos sind. Aber Gott befreit uns von den Fesseln und läßt uns durch unterschiedliche Erfahrungen immer mehr wachsen, bis er sieht, daß wir stark geworden sind und frei von unseren Schwächen und unserem Versagen. Wir selbst allerdings merken wenig davon. Wir meinen, noch immer gebunden zu sein und denken, wir seien unfähig, bestimmte Situationen durchzustehen.

Dann läßt Gott eine Anfechtung oder eine Versuchung zu. Wir schreien: „O Gott, hole mich aus dieser Anfechtung heraus! Sie bringt mich um. Habe ich nicht schon so genug Probleme? Bitte, befreie mich!"

Aber Gott tut nichts.

Wieder schreien wir auf: „Gott, warum behandelst du mich so? Bitte, hol mich da heraus!"

Doch Gott gestattet, daß die Anfechtung fortdauert. Nach und nach entdecken wir dann mitten in den Problemen unsere „Flügel des Glaubens" und fangen an, sie zu gebrauchen. Durch den Glauben erheben wir uns zum Sieg. Wenn wir erfahren haben, daß wir mitten in der Anfechtung siegreich leben können, lösen sich die Schwierigkeiten plötzlich.

Nun erkennen wir, daß wir diese Art von Versuchung nie mehr zu fürchten brauchen, weil wir den Weg zum Sieg entdeckt haben. Wir sind frei. Wenn alles vorbei ist, schauen wir zurück und sagen: „Gott, ich danke dir für diese Erfahrung. Ich möchte nicht noch einmal hindurchgehen, aber ich danke dir für die Erfahrung und für alles, was ich dabei gelernt habe."

In 1. Korinther 10, 13 steht, daß Gott treu ist. Er läßt nicht zu, daß wir über unsere Kräfte hinaus versucht werden. Wenn er eine Anfechtung zuläßt, sorgt er auch für einen Ausweg. Leider sind wir, wenn wir in einer Anfechtung stecken, oft so damit beschäftigt, zu Gott um Befreiung zu schreien, daß wir vergessen, ihn nach dem Ausweg zu fragen. Gott sorgt immer für einen Ausweg. Aber Satan verbirgt ihn so geschickt, daß wir ihn nicht ohne weiteres entdecken können.

Was wir schreien sollten, wenn wir mitten in einer Anfechtung stecken, ist dies: „Gott, diese Anfechtung erscheint mir viel zu groß und schwer. Ich fürchte, ich kann sie nicht ertragen. Ich kann keinen Ausweg erkennen. Aber du hast versprochen, daß du mich nicht über meine Kräfte hinaus versuchen lassen willst. Deshalb gib mir bitte deine Kraft und zeige mir deinen Ausweg aus dieser Situation."

Wir mögen uns fragen: „Aber wenn Gott doch weiß, daß ich stark genug bin, um diese Versuchung zu überwinden, warum muß ich es dann selbst auch noch erkennen? Warum darf ich nicht einfach in Frieden leben?" Gott hat noch weitere Gründe, Zeiten der Anfechtung für uns zuzulassen.

In Gottes Privatuniversität

Als Gott meine Aufmerksamkeit auf die Verse 2. Korinther 1, 3.4 lenkte, ging ich gerade durch eine sehr schwere Zeit. Sieben Wochen vor meinem Krankenpflegeexamen erhielt ich die Nachricht, daß meine Mutter einen Schlaganfall erlitten hatte. Ihre rechte Seite war gelähmt, und sie konnte nicht mehr sprechen. Sobald ich meine Ausbildung abgeschlossen hatte, sollte ich nach Hause zurückkehren, um für sie zu sorgen. Ich hatte eigentlich zum College gehen und mich auf den Missionsdienst vorbereiten wollen. Nun mußte ich zu Hause bleiben und – soweit ich das voraussehen konnte – dort für viele Jahre leben.

Meine Mutter war völlig hilflos. Wie ein Baby mußte sie von meiner jüngeren Schwester und mir versorgt werden. Ihre einzige Möglichkeit, sich mit uns zu verständigen, bestand darin, die Zunge aus dem Mund zu strecken, wenn sie ja meinte, und nicht herauszustrecken, wenn sie nein sagen wollte. Später konnte sie nicht einmal mehr das tun. Dann sagten wir ihr, sie solle tief einatmen, wenn sie ja sagen wollte, und normal weiteratmen, wenn sie nein meinte. So sorgten wir über drei Jahre für sie.

Während dieser Zeit erkrankte ich schwer an rheumatischem Fieber. Ein halbes Jahr lang mußte ich im selben Zimmer wie meine Mutter das Bett hüten. Weil der Arzt einen Herzschaden befürchtete, sollte ich nicht einmal meine Beine über die Bettkante hängen. Trotzdem mußte ich in den Nächten aufstehen und für meine Mutter sorgen, weil meine Schwester den Schlaf brauchte. Es ist ein Wunder, daß ich nicht einen bleibenden Herzschaden zurückbehielt.

Zwei Monate nach meiner Genesung erlitt mein Vater seinen ersten Herzinfarkt. Sechs Wochen lang war er bettlägerig. Kurz nachdem sich sein Zustand gebessert hatte, steckten wir uns alle mit einer asiatischen Grippe an. Wir hatten über vierzig Grad Fieber und einen schrecklichen Husten. Meine Mutter hatte einen Nabelbruch, der jedes Mal heraustrat, wenn sie hustete. Wir versuchten den Bruch mit Pflaster zu verkleben, aber sie war allergisch gegen das Pflaster und bekam einen schlimmen Hautausschlag. So mußte ich also mit meinem hohen Fieber jede Nacht an ihrem Bett wachen, um den Bruch zurückzuhalten, wenn sie hustete.

Und dann, mitten in diesen schweren Tagen, fiel meine Schwester auch noch hin und brach sich den rechten Arm. Zur selben Zeit stellte sich heraus, daß mein Vater Diabetiker war und deshalb eine besondere Diät brauchte. Schließlich mußte eine meiner älteren Schwestern kommen und uns helfen.

Wir kamen aus dieser Krise heraus und hatten zwei Monate Ruhe. Dann hatte mein Vater plötzlich einen zweiten Herzanfall und starb innerhalb von achtundvierzig Stunden. Neun Wochen später starb meine Mutter. Ein halbes Jahr darauf mußte ich zu einer Gallenoperation ins Krankenhaus. Und ein weiteres halbes Jahr danach kam mein Schwager bei einem Verkehrsunfall um. Er hinterließ meine Schwester mit sieben Kindern im Alter zwischen zweieinhalb und elfeinhalb Jahren.

Wir fühlten uns wie Hiob: „Gehe ich nun vorwärts, so ist Gott nicht da; gehe ich zurück, so spüre ich ihn nicht. Ist er zur Linken, so schaue ich ihn nicht; verbirgt er sich zur Rechten, so sehe ich ihn nicht. Er aber kennt meinen Weg gut. Er prüfe mich, so will ich erfunden werden wie das Gold" (Hiob 23, 8–10).

Mitten in all diesem Schmerz und dieser Verwirrung zeigte Gott mir die Verse in 2. Korinther 1, 3.4: „Gelobt sei Gott, der Vater unseres Herrn Jesus Christus, der Vater der Barmherzigkeit und Gott allen Trostes, der uns tröstet in aller unserer Trübsal, damit wir auch trösten können, die in allerlei Trübsal sind, mit dem Trost, mit dem wir selber getröstet werden von Gott."

Gott gab mir seinen Trost mitten in diesen vier Jahren voller Schmerz und Verwirrung. Ich hatte vorgehabt, zum College zu gehen, um mich für den Missionsdienst vorzubereiten. Aber Gott nahm mich in seine ,,Privatuniversität". Dort tröstete er mich und lehrte mich die Lektionen, die ich brauchte, um andere trösten zu können.

Gott schickt uns nicht seine Engel, um uns zu trösten. Sie können nicht verstehen, was wir fühlen, weil sie nie unter Anfechtungen oder Schmerzen gelitten haben. Gott schickt uns Menschen, die selbst seinen Trost erfahren haben und die diesen Trost an uns weitergeben können. Was also beabsichtigt Gott, wenn er zuläßt, daß wir Anfechtungen erleiden? Er will uns trösten und uns so zu Werkzeugen machen, die fähig sind, anderen zu dienen.

Eckhard

Eckhards Sehkraft nahm immer mehr ab. Es war abzusehen, daß er erblinden werde. Schon verschiedene Male hatten Christen mit ihm gebetet. Sie hatten Gott angefleht, seine Augen zu heilen. Aber es zeigte sich keine Besserung. Da sagten sie ihm, wenn er nicht geheilt werde, dann könne das nur daran liegen, daß er nicht richtig glaube. Aber niemand konnte ihm sagen, wie er zu diesem ,,richtigen" Glauben kommen sollte.

,,Ich glaube ja, daß Gott mich heilen *kann*. Aber wie soll ich den Glauben bekommen, daß er mich heilen *will*?" fragte er.

Andere meinten, es sei eben Gottes Wille, daß er blind werde.

,,Wie kann es möglich sein, daß Gott, der mich liebt, mich blind haben will?" fragte Eckhard mich. ,,Glaubst du auch, es könne Gottes Wille sein, daß ich für den Rest meines Lebens blind bin und zur Last werde für meine Frau und meine Familie? Ich jedenfalls kann einfach nicht glauben, daß Gott, der die Liebe ist, so etwas will. Wie kannst du das erklären?"

,,Eckhard", sagte ich ihm, ,,ich bin sicher, daß Gott dich nicht blind lassen will. Denn nach Gottes ursprünglichem Plan solltest du ja im Paradies leben, wo es keine Krankheit, keine Sünde und keinen Tod gab."

Wir sprachen darüber, wie Gott uns so erschaffen hat, daß wir im Paradies leben konnten. Er gab uns nicht die Kraft, in dieser Welt zu bestehen, so, wie wir sie heute kennen. Wir leben außerhalb unseres natürlichen Lebensraumes – wie Fische in den Bäumen oder wie Vögel im Wasser. Aber das ist nicht Gottes Schuld. Wir haben das selbst so gewollt.

Doch Gott wird uns nicht diesem Schicksal überlassen. Nach Offenbarung 21 und 22 will Gott unseren ursprünglichen Lebensraum in dem neuen Himmel und der neuen Erde wiederherstellen. Deshalb konnte ich Eckhard mit aller Bestimmtheit sagen, daß Gott ihm sein Augenlicht wiedergeben werde. Entweder durch ein Wunder jetzt, in diesem Leben, oder später, bei der Neuschöpfung aller Dinge. Bis dahin ist Gott weit unglücklicher über Eckhards Zustand, als er selbst es jemals sein kann.

„In der Zeit, in der du blind bist, Eckhard, ist Jesus an deiner Seite. Er sagt dir in 1. Petrus 5, 7: ‚Alle eure Sorge werft auf ihn; denn er sorgt für euch.' Du hast Sorge, daß du für deine Frau und deine Familie zur Last wirst. Und du hast Angst davor, nach allem fragen zu müssen, was du brauchst. Lege diese Sorgen auf Jesus. Er will sie für dich tragen. Er weiß, daß du sie nicht tragen kannst, denn als er dich schuf, hat er dir nicht die Kraft dazu gegeben.

Während du durch diese schreckliche Zeit gehst, öffne dich für den Trost, den Gott für dich bereit hat. Wenn Gott dich getröstet hat, wird er dich zu anderen senden, die ähnliche Schwierigkeiten haben wie du jetzt. Er will, daß du ihnen denselben Trost bringst, der dir zuteil wurde. Das wird dein Leben für Gott in einer Art und in einer Tiefe wertvoll machen, die du nicht kanntest, bevor diese Anfechtung über dich kam."

Hiob hat im Gebet Gott gesucht. Er wollte Gott näherkommen. Und am Ende seiner langen Anfechtung bekannte er: „Ich hatte von dir nur vom Hörensagen vernommen; aber nun hat mein Auge dich gesehen" (Hiob 42, 5).

Das ganze Buch Hiob erzählt die Geschichte von seinen Schwierigkeiten und Anfechtungen und von den vergeblichen Versuchen seiner Freunde, ihn zu trösten. Schließlich endete die Zeit der Anfechtung, und Gott gab ihm zweifach zurück, was Satan ihm genommen hatte. Hiob kannte Gott nun viel besser als vorher. Zuvor hatte er nur von ihm gehört. Nun sah er ihn.

Gott hatte die Versuchung zugelassen, weil er wollte, daß Hiob ihn besser und persönlicher kennenlernte. Und das war ja auch Hiobs ursprünglicher Wunsch gewesen. Hiob lernte in der Anfechtung, was Gott ihm zeigen wollte.

Wenn man in einer Anfechtung steckt, sieht es oft so aus, als würde diese schwere Zeit nie enden. Es scheint, als müsse man für den Rest seines Lebens diese Bedrängnis aushalten. Aber irgendwann endet die Prüfung. Wenn man erfaßt hat, was Gott einem zeigen wollte, geht die Anfechtung zu Ende. Dann kann man von ganzem Herzen Gott danken für das, was man gelernt hat.

Als ich jene Jahre des Leidens durchlebte, konnte ich Gott nicht dafür danken. Aber heute, wo ich zurückblicke, danke ich ihm für das, was ich erlitten habe, denn ich habe Unschätzbares dabei gelernt. Weil ich gelitten habe und von Gott getröstet und versorgt wurde, kann ich andere verstehen, die leiden, und ich kann sie trösten.

Wenn wir möchten, daß Gott uns gebrauchen kann, dürfen wir nicht vor den Anfechtungen zurückschrecken. Gott will immer etwas Bestimmtes damit erreichen. Ganz gleich, welche Probleme wir auch haben, welche Anfechtung oder Schwierigkeit wir auch erleiden, wir können sicher sein, daß Gott alles sorgsam bemessen hat. Wenn wir bei ihm bleiben, sollen wir durch das Leiden die Kraft kennenlernen, die wir in Jesus haben. Wir sollen den Trost Gottes empfangen und so zum Werkzeug bereitet werden, das Gottes Trost anderen bringt.

Wir wissen, daß der Feind die Versuchungen und Anfechtungen gebrauchen will, um uns alle Kraft und allen Mut zu rauben. Mit den traumatischen Ereignissen in deinem Leben wollte er dich innerlich zerstören und dich unbrauchbar machen. Gott aber – indem er dich tröstet und dich heilt – gebraucht gerade diese schmerzhaften Erlebnisse, die Anfechtungen und Probleme, die dir so viel Not gemacht haben, genau das also, womit Satan dich zerstören wollte, um dein Leben zum Segen für andere zu machen. Ist das nicht genau dein Wunsch? Wünschst du dir nicht, daß Gott dich gebrauchen kann, um anderen Heilung und Trost zu bringen?

Du hast Gottes Trost und Heilung und Stärkung empfangen. Nun bist du fähig, anderen diesen Trost weiterzugeben.

Nimm dir – gerade jetzt – die Zeit, um Gott dafür zu danken.

Bücher aus dem Blaukreuz-Verlag Wuppertal und dem Blaukreuz-Verlag Bern

Robert Gehring
Suchtrezept
Der Kampf eines drogenabhängigen Arztes
216 Seiten, Paperback, z. Z. DM 19,80 / sFr. 19,80

Der heute so angesehene Frauenarzt hatte die Hölle hinter sich: einen Selbstmordversuch, Drogen, Alkohol, alle Medikamente, die süchtig machen konnten, Ehe und Praxis ruiniert, für einen Schuß Kokain die für die Kinder angelegte Münzsammlung an einen Dealer verkauft. Wie ist der Farmerssohn und Vietnamkämpfer so weit gekommen? Gibt es noch Hoffnung für einen Drogensüchtigen, dem selbst vier Entziehungskuren nicht helfen konnten?

Verena Ammassari
Komm, wir fangen noch mal an
Eine Ehe in der Zerreißprobe
78 Seiten, Taschenbuch, z. Z. DM 7,80 / sFr. 6,80

Als die kleine Tochter sagt: „Trink doch wieder ein Glas Rotwein, dann geht es dir besser", da weiß die Mutter endgültig: Ich bin abhängig. Oft hatte sie vergeblich versucht, den Alkoholkonsum einzudämmen, hatte für sich und ihre Ehe die Hoffnung aufgegeben, obwohl ihr Mann sie oft ermuntert hatte: „Komm, wir fangen noch mal an." Für ihn wird es zunehmend schwerer, mit ihrer Alkoholabhängigkeit zu leben. Dadurch kommt ihre Ehe immer mehr in eine Zerreißprobe. Die Autorin beeindruckt durch ihre ehrliche Schilderung.

Eberhard Rieth
Alkoholkrank?
Eine Einführung in die Probleme des Alkoholismus für Betroffene, Angehörige und Helfer
172 Seiten, Paperback, z. Z. DM 17,80 / sFr. 16,80

Alkoholismus – Krankheit oder moralisches Versagen? Ist Alkoholismus erblich? Können Alkoholiker geheilt werden? Haben religiöse Fragen eine Bedeutung für die Heilung des Alkoholkranken? Allgemeinverständlich werden Ursachen und Verlauf süchtigen Verhaltens aufgezeigt und Hilfen zum besseren Verständnis des Suchtkranken gegeben. Das Buch zeigt Wege zur Gesundung des Alkoholkranken und leitet Helfer und Angehörige zu neuer Partnerschaft an.

Bill Blackburn
Was Sie über Selbstmord wissen sollten
Kann Suizid verhindert werden?
Praktische Ratschläge eines erfahrenen Seelsorgers.
160 Seiten, Paperback, z. Z. DM 17,80 / sFr. 17,80

Warum nehmen sich viele Menschen das Leben? Kann Suizid verhindert werden? Auf welche Anzeichen wäre zu achten? Der erfahrene Autor vermittelt Praxisansätze, um Selbstmordgefährdeten möglichst frühzeitig zu helfen. Er setzt sich auch mit verbreiteten, aber unzutreffenden Meinungen auseinander wie z. B.: Wer darüber spricht, tut's doch nicht; jeder Versuch zu helfen ist zwecklos; Selbstmord ist die Sünde, die nicht vergeben werden kann. In allgemeinverständlicher Sprache ist das Buch ein nützlicher Ratgeber für jeden, der Ratsuchenden und Gefährdeten helfen will.

Hans Klein
Sie trinken jetzt nicht mehr, aber ...
Beratungsgespräche mit Angehörigen von ehemals Alkoholabhängigen
160 Seiten, kartoniert, z. Z. DM 15,80 / sFr. 14,80

Ist ein Alkoholiker „trocken" geworden und lebt jetzt alkoholfrei, sind damit noch längst nicht alle Probleme des Alkoholismus für ihn und seine Angehörigen gelöst. Die Praxis beweist: Oft sind Angehörige in der Zeit danach genauso hilflos wie während der Trinkphase. Die hier vorliegenden Gespräche wollen verständnisvoll Rat und Hilfe bieten.

Hans-Dieter Wallburg
Mein Weg aus der Nacht
Die Geschichte eines Alkoholabhängigen
104 Seiten, Taschenbuch, z. Z. DM 8,80 / sFr. 8,80

Schonungslos beschreibt der Verfasser seinen Weg vom abgestiegenen Trinker zum heute nüchternen, bekennenden Christen. Der freie Journalist zeichnet eindrucksvolle Bilder aus dem Alltag mit der Droge Alkohol. Der Leser lernt Alkoholismus als Ausdruck einer persönlichen Lebensgeschichte zu verstehen. Dabei werden Stationen wie Psychiatrie und Haft nicht ausgespart. Durch das Evangelium fällt Licht in dieses Dunkel.